Nikolaus Meldeman

Rundansicht der Stadt Wien während der ersten Türkenbelagerung im Jahre 1529

Nikolaus Meldeman

Rundansicht der Stadt Wien während der ersten Türkenbelagerung im Jahre 1529

ISBN/EAN: 9783743671119

Hergestellt in Europa, USA, Kanada, Australien, Japan

Cover: Foto ©ninafisch / pixelio.de

Weitere Bücher finden Sie auf **www.hansebooks.com**

Niclas Meldeman's
Rundansicht der Stadt Wien
während der
Ersten Türkenbelagerung im Jahre 1529.

HERAUSGEGEBEN

VON DEM GEMEINDERATHE DER K. K. REICHSHAUPT- UND RESIDENZSTADT WIEN.

AUF STEIN GEZEICHNET VON

ALBERT CAMESINA,

RITTER DES EISERNEN KRONE III. CLASSE UND DES FRANZ JOSEF-ORDENS, K. K. RATH, CONSERVATOR FÜR DIE STADT WIEN U. S. W.

MIT EINEM ERLÄUTERNDEN VORWORTE VON

CARL WEISS,

ARCHIVAR UND BIBLIOTHEKAR DER STADT WIEN.

ZWEITE AUSGABE.

WIEN 1869.
VERLAG VON CARL GEROLD'S SOHN.

Niclas Meldeman's
Rundansicht der Stadt Wien.

Erläutert von

Karl Weiss.

Die geschichtlich bekannte Thatsache, dass Sultan Sulaiman die Ansprüche des Erbgrafen in der Zips Johann von Zapolya auf die ungarische Krone blos zu dem Zwecke unterstützte, um in einen Krieg gegen König Ferdinand I. verwickelt zu werden und nach dessen Besiegung, in das Herz von Deutschland eindringend, die osmanische Herrschaft auch über das europäische Abendland ausbreiten zu können, hat die erste, glücklich abgeschlagene Belagerung Wiens zu einem politischen Ereignisse von hoher Bedeutung gemacht. Allerdings wollte man gleich beim Beginne des Krieges in Deutschland die Grösse der Gefahr nicht vollständig erkennen. Mit religiösen Fragen vollauf beschäftigt, waren die Reichsglieder uneins und gespalten; von Abneigung gegen König Ferdinand I. erfüllt, zögerte ein Theil derselben lange, den eindringlichen Vorstellungen des Kaisers zu Gunsten seines von den abtrünnigen ungarischen Magnaten und dem mit diesen verbundenen Sultan bedrängten königlichen Bruders Gehör zu geben und ihm eine ausgiebige Reichshilfe zu senden. Andererseits aber liess sich nicht verhehlen, dass König Ferdinand durch seine Haltung in den Religionsstreitigkeiten den Eifer der protestantisch gesinnten Reichsstände erkalten machen musste[1]). Erst in den letzten Wochen vor dem Erscheinen der Türken auf deutschem Grenzgebiete, als die Sorge um die Erhaltung des eigenen Herdes eintrat und die barbarischen Gräuel und Verwüstungen der Türken die Gemüther in die heftigste Aufregung versetzt hatten, traten alle Bedenken der Zaghaften und feindlich Gesinnten in den Hintergrund, und es eilte deutsche Reichshilfe zur Vertheidigung Wiens herbei. Doch sie kam zu spät! — Wenige Stunden von Wien entfernt, musste sie halb unthätig verweilen, da die Türken bereits die Stadt eingeschlossen hatten. Als daher dennoch namhafte Ausdauer, Unerschrockenheit und Muth den stolzen, siegessichern Sultan zum Abzuge genöthigt und die ersten Berichte von dem Heldenmuthe der Führer, Bürger und Soldaten mit Blitzesschnelle sich durch Deutschland verbreitet hatten, feierte man an allen Orten dieses grosse Ereigniss, welches in der That, wie Schlosser bemerkt, „der glänzendste Punkt in der deutschen Kriegsgeschichte des XVI. Jahrhunderts war". Zahlreiche Relationen und Flugschriften über die Türkenbelagerung machten die Runde durch alle Theile Europa's und gaben derselben eine Popularität, wie sie nur wenige Begebenheiten der neueren Geschichte aufzuweisen im Stande sind. In Wien selbst sind kaum achtzig Jahre verflossen, dass die Bürger der Stadt aufgehört haben, die Erinnerung an die heldenmüthigen Thaten ihrer Vorfahren öffentlich und festlich zu begehen[2]).

Unter den denkwürdigen Vorfällen der Vergangenheit Wiens bildet desshalb auch dieser Abschnitt einen hervorragenden, vielfach geschilderten Moment, und wer nur einiges Interesse für geschichtliche Begebenheiten hat, kennt denselben gewiss in seinen wichtigsten Einzelheiten. Es kann daher auch nicht meine Aufgabe sein, bei dem durch Herausgabe der Meldeman'schen Rundansicht gebotenen Anlasse neuerdings auf eine Darstellung des äusseren Ganges der ersten Türkenbelagerung einzugehen. Dagegen scheint es mir lohnender, auf die vorzüglichsten und wichtigsten aus der Zeit der ersten Türkenbelagerung herrührenden geschichtlichen Quellen zurückzugehen, dieselben einer aufmerksamen Prüfung zu unterziehen und einige derselben der Vergessenheit zu entreissen. Zu diesen mir bekannten Quellen gehören folgende Schriften:

[1]) Vergleiche Buchholtz F. B. v. Geschichte der Regierung Ferdinand I. III, 392 in Bezug auf die Haltung des Reichstages bei dem Reichstage zu Speyer im Frühjahr 1529.

[2]) Vergleiche die „Wiener Zeitung" vom 17. September 1763, in welcher die Mittheilung enthalten ist, dass am 17. September die Bürger auf dem hohen unter Vortragung zweier alter Fahnen aus den Türkenkriegen der Jahre 1529 und 1683 zur Erinnerung an letztere eine Procession abhielten.

1. **Belagerung der Statt Wien im jar/ Als man zallt nach Cristi geburt/ tausent fünff hundert vnndt im neun vnd zwaintzigsten besehehn kürtzlich angezaigt.** (In der Vorrede nennt sich als Verfasser der Relation Peter Stern v. Labach **Rö. May.** lateinischer **Kriegß sekretari** und datirt ist dieselbe **Wienn den XII. tag Novebris Anno MDXXIX.**)

2. Viennae Austriae Urbis Nobilissimae a Sultano Saleymano immanissimo Turcae, Tyranno immenso cum exercitu obsessae Historia. Cum potentissimi Caesarij Caroli et inclyti Hungariae ac Bohemie Regis Ferdinandi fratrum invictissimorum gratia et Priuilegio Anno MDXXX.

3. **Kurger Begriff/ welcher massen der grausam würende Tyrann und Erbfeind der gantzen Christenheit/ der Türck u. s. w. Die Christlich weit berühmbt und fürstlich Statt Wien in Oesterreich im Jar nach Christi Geburt 1529 belagert: sampt anzeigung der Namen deren Fürsten/ Grafen/ Herren von Adel und anderer fürneßmen Personen/ so in der Belagerung gewest vnd austheilung der Quarter. Von Paul Pesel Ehrnhalder (Gerold) genannt Oesterreich.**

4. **Grundige vnd warhafftige bericht der geschichten vnnd kriegshandlung so sich/ neben vnd vßer der Statt Wien belegerung herrß vff dem Lande/ von des heyligen Rö. Reichs Obersten Veldhaubtman meinem genedigen Fürsten vnnd herrn Hertzogen Frdericn Pfalzgrauen etc. bederseyts gegen vnd mit den vheinden/ den Türcken gepraucht zugetragen/ begirlich zuhören. Regenspurg** 1530. 4.

Von diesen Schriften ist jene des Peter Stern von Labach von hoher Bedeutung, weil die Darstellung aus unmittelbarer Anschauung der Zustände in unserer Stadt während der Dauer der Belagerung entstanden ist. Peter Stern von Labach lebte nämlich zu jener Zeit in Wien; er stand vermöge seiner Stellung als Kriegssecretair mit vielen der hervorragenden Persönlichkeiten in Berührung, überzeugte sich täglich selbst von den einzelnen Vorfällen und den Hilfsmitteln der Vertheidigung und führte wahrscheinlich über alle Begebenheiten ein genaues Tagebuch. Denn wenige Wochen nach Aufhebung der Belagerung gab er die hier angeführte Relation im Drucke heraus, und war mithin zu solch' einem Vorhaben schon vorbereitet.

In der von Schmeicheleien auf die Tapferkeit und Klugheit der Vertheidiger übersprudelnden Widmung an den „Verwalter der obersten Feldhauptmannschaft" und den übrigen „Kriegscommissären und Räthen der Stadt" bemerkt er, dass er die Beschreibung der Belagerung vorzüglich um des gemeinen Mannes willen, „der solcher Kriegshandlung zu baiden seitten geweht, gern ein wenig wissen hätt" verfasst, jedoch sich hiebei nur auf das, was er in der Stadt gesehen, beschränkt habe. Nachdem er hierauf die der Belagerung vorangegangenen politischen Ereignisse und die in der Stadt zur Vertheidigung getroffenen Vorsichtsmassregeln geschildert hat, erzählt er Alles, was von Tag zu Tag während der Belagerung in der Stadt vorgegangen ist, und verzeichnet am Schlusse die hervorragendsten, bei der Belagerung thätig gewesenen Personen. In Bezug auf den Gang der Belagerung und die wesentlichen Momente derselben ist daher diese Relation die Hauptquelle, deren Benützung sich bei den meisten mir bekannten, denselben Gegenstand behandelnden Flugschriften jener Zeit nicht verkennen lässt.

Die zweite hier verzeichnete lateinische Relation wurde bisher von allen Schriftstellern, welche derselben Erwähnung thun, dem Diego Serava, Edelknabenhofmeister der spanischen Majestät, zugeschrieben. In der That ist sie aber von dem „praeceptor inclyti Hungariae Regis Ferdinandi Nobilium puerorum" — wie sich der Verfasser ohne Bezeichnung seines Namens gleich im Eingange der Relation klar und deutlich bezeichnet — verfasst und Ersterem dagegen als praefectus Hispano Regiae Majestatis Nobilium puerorum gewidmet[1]). Aus der Vorrede zur Relation ist nicht ausdrücklich zu entnehmen, dass der Verfasser der Belagerung selbst beigewohnt hat, doch unterliegt es keinem Zweifel, dass er entweder selbst zugegen war oder wenigstens nach Berichten von Augenzeugen seine Relation zusammengestellt hat. Auch hat er offenbar jene des Stern v. Labach benützt, weil die Schilderung einzelner Abschnitte der Belagerung mit jener des Stern von Labach fast wörtlich übereinstimmt. In einer Richtung bildet diese Relation indess eine wichtige Ergänzung zu der ersterwähnten. Bei der Aufzählung der Personen, welche an der Belagerung Theil nahmen, ist nämlich die lateinische Relation weit ausführlicher als jene des Stern von Labach. Sie beschränkt sich nicht blos darauf, die Namen der Feldhauptleute und Führer der einzelnen Truppenabtheilungen mitzutheilen, sondern führt alle Adeligen, wie

---

[1] Wie sich dieser Irrthum eingeschlichen hat, ist mir unerklärlich. Bereits J. Wagner in seinem „geehrten und mit vielen Anmerkungen versehenen Tuerkenbuchlein" (Ulm 1661, nennt als Verfasser dieser Relation Diego Serava und Freiherr v. Hammer, so wie auch Tschischka citiren diese gleichfalls unter diesem Namen.

sie in den verschiedenen Quartieren eingetheilt waren, und unter welchen Hauptleuten sie standen, mit Rücksicht auf die Waffengattungen und das Land, dem sie angehörten, umständlich an. So begegnet man in dem Verzeichnisse der spanischen Hilfstruppen auch dem Diego Serava, von dem sie erzählt, dass er den Edelknaben, welche voll Kampfbegierde sich in die Stadt einzuschleichen gesucht hatten, nachgeeilt, ihnen dann selbst mit ritterlicher Tapferkeit voranging, und drei Pfeile in seinen Harnisch aufnahm[1]).

Die von Paul Pesel erschienene Beschreibung der Türkenbelagerung hat wohl nicht den Werth, dass sie aus eigener Anschauung der Vorfälle hervorging, jedoch vervollständigt sie wieder nach einer andern Richtung die Relationen des Stern von Labach und des ungenannten Edelknabenlehrers. Paul Pesel war Herold des Königs Ferdinand I. und — wie er selbst in der Vorrede erzählt — vermöge seines Amtes verpflichtet, die Namen und Wappen der an der Belagerung betheiligten Personen des Kriegsvolks zu verzeichnen. Weil er aber dabei nicht persönlich war, so wollte er dies ursprünglich unterlassen. Inzwischen erhielt er jedoch durch Niclas Grafen v. Salm ein Schreiben mit dem Befehle des Königs, dass er alle Adeligen und Hauptleute, welche bei der Belagerung waren, sammt einem gründlichen Bericht über die Vorfälle in beiden Lagern und den Quartieren des Kriegsvolks zu beschreiben habe, worauf er sich seiner Verpflichtung unterzog und einen Bericht an den König „aus mancherley schriftlichen und mündlichen berichten gezogen und zusammengeklaubt", verfasste.

Dieser Bericht enthält ebenfalls ein Verzeichniss der bei der Belagerung anwesend gewesenen adeligen Personen und zwar fast in der nämlichen Eintheilung und Reihenfolge als die früher angeführte lateinische Relation. Bei Vergleichung der Verzeichnisse habe ich auch gefunden, dass beide bis auf wenige Absätze vollständig übereinstimmen, und da Pesel seine Relation wenige Monate nach der Belagerung dem Könige Ferdinand vorlegte, jene des ungenannten Verfassers aber erst Mitte August 1530 im Drucke erschien, so halte ich es für wahrscheinlich, dass Pesel's Bericht von Letzterem benützt wurde. Im hohen Grade aber werthvoll und sonst in keiner anderen Relation enthalten, ist die von Pesel mitgetheilte ausführliche Vertheilung der Quartiere, so wie die Angabe der Zahl und Gattung der verwendeten Geschütze auf den Stadtthoren, an den Bollwerken und der Ringmauer, da hierüber bei jenen Autoren, welche Pesel's Bericht nicht kannten, die Angaben verschieden lauteten. So hat auch Hormayr die Anzahl der Geschütze — nach einer mir nicht bekannten Quelle — auf 100 grössere und 300 kleinere angegeben, während im Ganzen die Zahl derselben aus 72 Stück bestand. Aber selbst abgesehen von diesem Standpunkte, ist es gewiss für die Kriegsgeschichte interessant, die mannigfaltigen Bezeichnungen der zur Anwendung gekommenen Geschütze kennen zu lernen.

Der von Hanns Lutz von Augsburg veröffentlichte Bericht beschäftigt sich mit dem Zuge des Pfalzgrafen Friedrich v. Regensburg nach Krems, dann mit den Begebenheiten, die zur Zeit der Belagerung auf dem flachen Lande vorgefallen, und hat gleichfalls die Wichtigkeit einer aus persönlicher Anschauung geschöpften Darstellung. Hanns Lutz war Herold des Pfalzgrafen Herzog Friedrich, welcher von dem Reichstage zu Speyer zum Generalen über die wider die Türken anzuwerbenden Truppen ernannt wurde und ursprünglich die Vertheidigung der Stadt leiten sollte. Wie schon erwähnt, kam aber durch das Zögern der deutschen Kurfürsten die Reichshilfe zu spät. Denn ungeachtet zu Speyer die Wahl des Pfalzgrafen Friedrich zum Feldhauptmann schon vollzogen war, so zögerten doch die Kurfürsten mit der Durchführung des Beschlusses. Zweimal kamen sie zu Regensburg zusammen, um wegen der Anzahl der zu entsendenden Truppen zu berathen, ohne jedoch einen Entschluss zu fassen; vorerst wurde beschlossen, Ritter Sebastian Schilling und Christoph Pessnitzer, Pfleger zu Braunau, gegen Ungarn auszusenden, um auszukundschaften, ob die Gefahr für Wien wirklich so nahe gerückt sei, und erst am 18. August 1529 — nachdem sie durch die Abgesandten den raschen Anzug der Türken, welche an diesem Tage bereits in der Ebene von Mohacs lagerten, erfuhren — gaben sie eilends Befehl, 1600 Mann zu Pferde und 7000 zu Fuss aufzubringen. So kam es, dass die Reichstruppen, bis sie gesammelt, ausgerüstet und gemustert waren, erst am 27. September nach Krems kamen, mithin zu einer Zeit, wo Wien von den Türken schon mehrere Tage eingeschlossen war. Nur der Vetter des Pfalzgrafen Friedrich — Herzog Philipp, Pfalzgraf am Rheine — warf sich mit 100 wohlgerüsteten Pferden in die Stadt und übernahm an der Seite der vielgeprüften Kriegshelden jener Zeit, des Grafen Niclas v. Salm und des Wilhelm Freiherrn v. Roggendorf, die Vertheidigung der Stadt, während Pfalzgraf Friedrich sich darauf beschränkte, in Krems zu bleiben, sein

---

[1]) Von Serava heisst es auch, dass er „in oppugnatione primus in hostes Salphuraia jaculatus".

VIII

Kriegsheer dort zu verstärken und den im Lande herumschwärmenden Raubhorden Einhalt zu thun. — Hanns Lutz, im Gefolge des Herzogs befindlich, beschreibt nun in diesem Berichte alle die Scharmützel und Greuelthaten, welche dort vorgefallen, so wie die Bewegungen seines Herrn gegen Wien, um die feindlichen Belagerer zu beunruhigen, so dass daher diese Relation uns einen verlässlichen Überblick der Begebenheiten gewährt, welche in der Nähe von Wien während der Belagerung vorgefallen sind.

Von den hier angeführten Schriften erhielten jene des Peter Stern v. Labach und des Paul Pesel die meiste Verbreitung, und beide bildeten für alle späteren Bearbeitungen dieses Stoffes in Bezug auf den Gang der Belagerung die Hauptgrundlage der Erzählung. Erstere wurde bereits im Jahre 1530 von Niclas Meldemann, Briefmaler zu Nürnberg, mit Zusätzen von anderen bei der Belagerung zugegen gewesenen Personen neuerdings gedruckt. Sie führte den Titel: „Wahrhaftige Handlung Wie vnd welchermassen der Türck die stat Ofen vnd Wien belegert. Erstlich durch Kaif. Maj. zu Hungern vnd Behem kriegs Sekretari Herrn Peter Stern v. Labach kürzlich begriffen vnd beschriben. Nachvolgend durch Niclasen Meldeman Burger zu Nurenberg mit merer anzeigung was von tag zu tag sich zutragen hat/ auff angeben deren/ so von anfang mit vnd dabey gewesen sind/ gemert vnd erlengert/ sampt einer contra factur der stat Wien aufgange 1530."

Aus der Schlussbemerkung des Titels, so wie aus dem am Ende der Relation befindlichen Beisatze: dass die „Contrafactur der Stadt Wien und der Türkenbelagerung" sammt diesem Büchlein bei N. Meldemann in Nürnberg zu kaufen sei, geht hervor, dass diese Auflage wesentlich zur Erläuterung der gleichzeitig erschienenen Rundschau von Wien zur Zeit der ersten Türkenbelagerung veranstaltet worden ist. Eine dritte Auflage dieser Relation erschien im Jahre 1595 bei Mathes Stöckel zu Dresden, die aber bis auf einige Varianten von geringerer Bedeutung nur ein Wiederabdruck der Meldemann'schen Ausgabe ist. Seit dieser Zeit erschien keine neue Ausgabe der Relation des Stern v. Labach mehr, auch wurde sie — wiewohl vielfach benützt und von späteren Schriftstellern citirt — in keinem andern Geschichtswerke dem Wortlaute nach abgedruckt, und namentlich die erste Ausgabe vom Jahre 1529 ist so selten geworden, dass Denis in ganz Österreich nur ein Exemplar, nämlich das in der Stiftsbibliothek zu Klosterneuburg befindliche kannte[1]). — Pesel's Bericht wurde erst im Jahre 1590 durch den Druck bekannt. Löwenklau v. Amelbeuern gab nämlich in diesem Jahre zu Frankfurt am Main eine „Neuwe Chronica Turckischer Nation von Türcken selbs beschrieben" heraus, und veröffentlichte im vierten Theile dieser Chronik: „Etliche Particular-Beschreibungen merckliche vnd zur Türkischen histori gehörigen geschicht", worunter sich auch Pesel's Relation befand. Wie Löwenklau in seiner den Herren Georg Erasmus und Hanns Septimius, Herrn v. Lichtenstein und Nikolsburg gewidmeten Vorrede anführt, hat diesen Bericht Hieronymus Beck v. Leopoldstorf — jener gelehrte Mann, welcher die erste osmanische Geschichte von Constantinopel nach Wien gebracht hatte — zuerst ausfündig gemacht und ihn durch den Schwester Pesel's, Hanns Moser, erhalten. Durch wen Löwenklau in den Besitz des Pesel'schen Berichtes kam, gibt er nicht an und macht nur die ausdrückliche Bemerkung, dass dieser bis dahin noch niemals im Druck erschienen war. Einen zweiten Abdruck desselben veranlasste sodann J. Heinr. D. Goebel in seinen „Beiträgen zur Staatsgeschichte von Europa unter Kaiser Karl V. aus theils gedruckten, theils ungedruckten Nachrichten (Lemgo, Mayer 1767), so dass daher diese Schrift weit mehr zugänglich wurde, als jene des Stern von Labach. Auch die lateinische Relation, welche bisher irrthümlich dem Diego Serava zugeschrieben wurde, aber durch den Umstand, dass sie von Schardius in sein bekanntes Sammelwerk: Rerum germanum scriptores 1673, II. 237 – 248 aufgenommen wurde, eine ziemlich grosse Verbreitung erhalten. — Dagegen ist mir nicht bekannt, dass jene des Hanns Lutz seit ihrer im Jahre 1530 zu Regensburg erschienenen Auflage wieder gedruckt wurde. Ausser den hier genannten Flugschriften bestehen noch viele andere über die erste Türkenbelagerung, von denen ich 13 Stück, darunter auch den Brief des Dr. Ribisch an seinen Freund Stromer in Leipzig und die Relation des Görlitzer Feldschreibers, Wilhelm von Leyhe, in Händen gehabt habe. Keine derselben hat aber auch nur annähernd die

---

[1]) Denis M. Wiens Buchdruckergeschichte bis MDLX, Wien, 1782, pag. 290. — Von den drei Ausgaben hat die erste den meisten historischen Werth. Die in der Meldeman'schen Ausgabe gemachten Zusätze sind mit Vorsicht zu benützen, indem manche Einzelnheiten aus den vielen nunmehr verschollenen Flugschriften aufgenommen wurden, die unmittelbar nach der Belagerung erschienen sind und deren Verfasser jedenfalls aus nicht immer verlässlichen Privatberichten schöpften, so fand ich die in der Meldeman'schen Ausgabe enthaltene Erzählung von den zwei Wiener Klein-Mussern, die als Spione in Sohle der türkischen Kaisers sterben und von denen der Eine ein viele christliche Frauen zugebracht haben soll, bereits in einer Flugschrift, welche entweder zu Ende des Jahres 1529 oder zu Anfang des Jahres 1530 erschienen sein muss. Sie führt den Titel: „Gründlich und wahrhaftig Unterricht der aneschrecklichen und erbermlichen thatten so vor Wien von anvang der Turkischen belagerung bis zum Ende von tag zu tag ergangen. — Im jar 1529."

Bedeutung der von mir angeführten Schriften, und können bei diesem Anlasse, wo es sich um eine Zusammenstellung der wichtigsten Quellen zur ersten Türkenbelagerung handelt, wohl mit Stillschweigen übergangen werden[1]).

Von den in neuerer Zeit erschienenen selbstständigen Werken haben Gottfried Uhlich's „Geschichte der ersten türkischen Belagerung Wien's im Jahre 1529 aus gleichzeitigen Schriftstellern und Tagebüchern gesammelt" (Wien 1784), dann Joseph Freiherrn v. Hammer's „Wien's erste aufgehobene türkische Belagerung zur 300jährigen Jubelfeier derselben, zum Theil aus bisher unbekannten christlichen und türkischen Quellen erzählt" (Pesth 1829), das grösste Verdienst, weil sie mit Zugrundelegung der älteren und durch Benützung von früher unbekannten Quellen über manche Nebenumstände der Belagerung, die bisher mit Stillschweigen übergangen waren, eine sachgemässe Aufklärung zu geben vermochten. Uhlich hat insbesondere das Verdienst, zuerst die Aufmerksamkeit auf den im Stadt-Archive befindlichen Wolmuet'schen Plan wieder gelenkt zu haben, welcher gegenwärtig durch die von Albert Camesina unternommene vollständige Herausgabe[2]) ein Gemeingut der Forschung wurde. Orientalist Freiherr v. Hammer bemühte sich, in seiner Monographie eine Reihe neuer Quellen beizubringen und dadurch seiner Arbeit den Werth einer möglichst erschöpfenden Darstellung zu geben. Er versah dieselbe mit 30 Beilagen, bestehend aus Tagebüchern, Auszügen von türkischen Geschichtschreibern und Urkunden und hat damit unzweifelhaft mehrere interessante orientalische Quellen der deutschen Forschung zugänglich gemacht. Indess lässt sich nicht verschweigen, dass Freiherr v. Hammer an die ihm zugänglich gewesenen deutschen Quellen keinen sehr strengen kritischen Massstab angelegt hat und dass es den Anschein hat, als wäre es ihm nur um die Ansammlung eines möglichst reichhaltigen Materiales zu thun gewesen. So hat er zwei italienische Berichte[3]) mitgetheilt, von denen der zweite nichts als die Übersetzung einer in Leipzig bei Niklas Schmidt erschienenen deutschen, ziemlich werthlosen Relation ist. Ferner druckte Freiherr v. Hammer in der Beilage XII seines Werkes nach dem im Wiener Stadt-Archive aufbewahrten Originale auszugsweise den angeblich an Kaiser Karl V. erstatteten Überschlag des Zeugwartes Wolfgang Eglauer über die Belagerungsbedürfnisse mit dem Bemerken ab, dass diese Pergament-Urkunde die einzige, auf die erste Belagerung Wien's sich beziehende sei, welche im Archive des Magistrates sich befindet. Schon aus dem Inhalt des Berichtes geht aber hervor, dass die Angaben Eglauer's über die fortificatorischen Werke Wien's sich nicht auf jene zur Zeit der ersten türkischen Belagerung, sondern, wie dies auch aus einem Vergleiche derselben mit dem Wolmuet'schen oder Hirschvogel'schen Plane hervorgeht, nur auf jene Periode, in welcher der Gürtel der neuen, in den Jahren 1531—1550 erbauten Bollwerke und Befestigungen um die Stadt bereits angelegt war, Bezug haben können. Andererseits ist aber auch erwiesen, dass Eglauer erst am 4. April 1596 sein Decret als Zeugwart von Wien erhielt. Seine Angaben von den sowohl im kaiserlichen, als auch im städtischen Zeughause vorhandenen Vorräthen an Geschützen, Waffen und Munition können daher unmöglich die Zeit der ersten Türkenbelagerung betreffen, sondern bezeichnen den Stand der beiden Zeughäuser zu Ende des XVI. Jahrhunderts. Das wichtigste Document, welches wir Freiherrn v. Hammer in Bezug auf die erste Türkenbelagerung verdanken, dürfte übrigens jedenfalls „Sulaiman's Tagebuch auf seinem Marsche von Konstantinopel nach Wien" sein, das er zuerst, jedoch nicht in seiner „Geschichte der ersten Türkenbelagerung", sondern in seiner Osmanischen Geschichte (Erste Ausgabe, Bd. III, S. 647) veröffentlicht hat[4]).

Endlich hat in jüngster Zeit A. Schimmer in seinem Werke: „Wien's Belagerungen durch die Türken" (Wien 1845) dieses Ereigniss mit sorgfältiger Benützung der vorhandenen Quellen umständlich geschildert und A. Camesina im Notizenblatte der kais. Akademie der Wissenschaften (Jahrg. 1858) aus dem städtischen Archive die Verhandlungen mitgetheilt, welche König Ferdinand mit den Ständen seiner Erblande geführt hat, um von ihnen die nöthigen Geldmittel und Mannschaft zur Führung des Türkenkrieges zu erhalten — ein sprechendes

---

[1]) Wer sich eine Übersicht der Literatur verschaffen will, den verweise ich auf Dr. Karl Schmidt Ritter von Tavera: Bibliographie zur Geschichte des österr. Kaiserstaates. I. Abth. II. Bd. p. 110—115. Aber selbst diese fleissige Zusammenstellung kann auf Vollständigkeit keinen Anspruch machen.

[2]) Berichte und Mittheilungen des Wiener Alterthumsvereines. II. Bd.

[3]) In dem erwähnten Werke als Beilage I und II abgedruckt.

[4]) Zu Ehren der im Herbste 1858 zu Wien versammelten deutschen Orientalisten gab hierauf Dr. W. F. A. Behrnauer dieses Tagebuch im türkischen Originaltexte mit einer deutschen Anmerkung und mit Anmerkungen versehen (Verlag von Karl Gerold's Sohn, 1858) vollständig heraus, da Freiherr v. Hammer das Tagebuch nur im Auszuge gebracht hatte.

Zeugniss der grossen Opferwilligkeit aller Stände. Die Originalien dieser Verhandlungen sind im städtischen Archive aufbewahrt und Camesina hat damit mittelbar die Grundlosigkeit der Behauptung des Freiherrn von Hammer aufgedeckt, wornach eine einzige, auf die erste Türkenbelagerung Bezug habende Urkunde im städtischen Archive vorhanden und zur Zeit, als Uhlich das Archiv benützte, der ganze auf die Belagerung Bezug nehmende Acten-Fascikel verloren gegangen sei[1]).

Mit der hier gebotenen Übersicht der wichtigsten Schriften über die erste Belagerung Wiens durch die Türken habe ich den Nachweis zu liefern gesucht, dass es der Forschung über diesen Epoche machenden Abschnitt der europäischen Geschichte vom Anfange an nicht an reichhaltigen Quellen gebrach. Wenn demungeachtet über manche Einzelheiten der Belagerung, wie über die Aufstellung des türkischen Heeres, die Gestalt einzelner befestigter Punkte der Stadt und den Umfang der Verwüstungen in den Vorstädten schwankende Angaben vorhanden waren, so mag dies wohl darin seinen Grund haben, weil man überhaupt in jenen Relationen wenig detaillirte Anhaltspunkte für die Beurtheilung des Kriegsschauplatzes findet und sich die Verfasser derselben ungern auf Beschreibungen desselben einliessen. Die Schilderung der Begebenheiten selbst war und blieb für sie die Hauptsache; höchstens dass sie im gewissenhaften Eifer für den Ruhm der adeligen Herren und Krieger sich bemühten, das Verzeichniss der bei der Belagerung gewesenen Ritter so vollständig als möglich der Nachwelt zu erhalten.

Eine sehr wichtige Ergänzung zu den bisher bekannten Quellen ist desshalb Nikolaus Meldeman's „Rundansicht der Stadt Wien zur Zeit der ersten Türkenbelagerung", weil diese mit der Macht und dem Reize bildlicher Darstellungen über die ganze Situation einen raschen Überblick gestattet und mit Leichtigkeit das versinnlicht, was die glänzendste, farbenreichste schriftliche Schilderung nicht zu Stande bringt.

Nikolaus Meldeman, ein Zeitgenosse Albrecht Dürer's, lebte als Briefmaler zu Nürnberg und beschäftigte sich mit der Anfertigung von Gelegenheitsbildern, die, auf die grosse Masse berechnet, gewöhnlich durch eine drastische Behandlung sich auszeichneten, oder durch Darstellung zeitgemässer Gegenstände eine Wirkung zu erzielen suchten, in der Ausführung jedoch von künstlerischem Werthe waren, weil sich der Einfluss der Vorbilder, welche Ersterer an Dürer und Glockendon besass, nicht verleugnen liess[2]). Als die Kunde von der glücklich abgeschlagenen Belagerung Wiens durch die Türken nach Deutschland gedrungen war, fasste Meldeman den Entschluss, eine Abbildung der Belagerung zu veröffentlichen, wahrscheinlich in der Erwartung, dass eine Darstellung dieses an allen Orten mit dem lebhaftesten Antheil vernommenen Ereignisses sich grossen Beifalles erfreuen und für ihn eine Quelle reichen Gewinnes werden würde. Er setzte zu diesem Zwecke zuerst schriftlich den Stadtrath von Wien von seinem Vorhaben: „eine ware rechtgeschaffene contrafactur der selbigen belagerung zu erlangen" in Kenntnis und reiste noch bald darauf, mit Empfehlungsschreiben des Nürnberger Stadtrathes versehen, selbst nach Wien, um hier nach verschiedenen Richtungen hin Erkundigungen einzuziehen und sich des Rathes zu erholen, wie er am zweckmässigsten in den Besitz einer genauen Abbildung gelangen könnte. In Wien erfuhr Meldeman, dass ein berühmter Maler (den Namen nennt er leider nicht), zu der Zeit als die Türken noch vor der Stadt lagen — ohne Zweifel von dem Stadtrathe — aufgefordert wurde, „auf dem hohen Stephansthurme die ganze Belagerung ringsum zu Wasser und zu Land, wie auch des Kriegsvolks Gegenwehr in der Stadt — so wie sich ihm alles dargestellt — gezeichnet habe". Von diesem Augenblicke an trat Meldeman mit dem Maler in Unterhandlung, um diesem die Zeichnung abzukaufen, wozu sich derselbe nach langem Zögern und erst nach Vermittlung des Stadtrathes entschloss. Hierauf kehrte Meldemann nach Nürnberg zurück, bearbeitete die Zeichnung auf das fleissigste für den Holzschnitt und gab sodann im Jahre 1530 die ganze Darstellung in sechs Blättern, geschmückt mit den Wappen der Stadt

---

[1]) Hammer, a. a. O., S. 92.

[2]) Retberg, R. v., Nürnberg's Kunstleben in seinen Denkmalen, Stuttgart 1854, S. 126. — Bartsch „Le Peintre-Graveur", VII, 181 kennt von Meldeman nur zwei Werke. „Der Nazarenus zu Gimpelkrauss" (tanzende Bauern mit ungeheuren Nasen) und „Peter Penschyns ein beschnäbelter Haudegen", bestellt von beleibtischen Kreisen. Der letztere ist zu Pferde, begleitet von zwei Soldaten zu Fuss dargestellt, Er commandirte zwei Fähnlein böhmischer Soldaten bei der Türkenbelagerung unter August v. Brandenstein und hatte seine Aufstellung zwischen dem Rothenthurm- und Salzthore. — J. D. Passavant in der vermehrten Ausgabe des Werkes: „Le Peintre-Graveur" (Frankfurt 1860, III, 241) führt dagegen neben 16 von Meldeman herrührende Holzschnitte an und charakterisirt seine Thätigkeit mit folgenden Worten: „Ce maître qui vivait à Nuremberg, se désigne lui-même, sur une gravure sur bois, comme caractère ou briefmaler, mais il était en même temps graveur sur bois et imprimeur et il a édité dans cette ville de grands nombres des poésies de Hans Sachs et plusieurs petites publications de circonstance.... Ces gravures n'appartiennent point à celles, que l'on pourrait considérer comme de distinguer par le caractère".

XI

Wien, des Erzherzogthums Österreich und der Königreiche Böhmen und Ungarn für „Jedermanns kauff vnd für den gemeinen man" unter folgendem Titel in Druck heraus:

»Der ſtadt Wien belegerung/ wie ſie auff dem hoben ſant Steffansthurn allenthalben gerings vm die gantze ſtadt zu waſſer vnd lande mit allen Dingen anzuſehen gbweſt iſt. Vñ von einem berumpten maler/ der on das auff s. Steffansthurn in der ſelbé belegerung verordent geweſt iſt/ mit gantzem fleiſs verzeychnet vnd abgemacht/ geſcheen nach Chriſti geburt. M.ccccexxrj. vnd im err. in truck gepracht./
Gemacht zu Nurnberg durch Niclaſſen Meldeman briefmaler bey der langé prucken wonhafft — nach Chriſti geburt. M.ccccc.rrr. Jar.

Gewidmet hatte er das Werk in Dankbarkeit für die ihm gewährte Unterſtützung dem Rathe der Stadt Nürnberg, welche Widmung zugleich eine Beſchreibung und Erklärung der bildlichen Darſtellung enthielt und in Begleitung der letzteren unter dem Titel erſchien:

»Ein kurger bericht vber die recht wahrhafftig Contrefactur/ Turkiſcher belagerung der ſtat Wien wie dieſelbig anzuſehen vnd zu verſtehen ſey/ welche zu rhum/ preyſs/ lob vnd ehr gantzem Römiſchen Reich/ gemeyner Ritterſchafft vn in ſonderheye einem erbern Rath der ſtat Nurnberg/ durch Niclas Meldeman zeg verferrige/ getruckt vnnd auſgangen iſt.«

Am Schluſſe dieſes Berichtes bezieht ſich Meldeman auf die, wahrſcheinlich zu derſelben Zeit mit Zuſätzen herausgegebene Relation des Stern v. Labach, von der ich oben geſprochen habe, indem er bemerkt, daſs dieſer die Vorfälle der Belagerung weit umſtändlicher behandle und ſein Bericht nicht mehr enthalte, als was zur Erklärung der Abbildung nothwendig ſei.

Bei dem gewaltigen Intereſſe an dem Gegenſtande erhielt dieſer Holzſchnitt gewiſs eine ziemlich groſse Verbreitung und es dürfte auch die Auflage, weil ſie „für Jedermanns Kauf und den gemeinen Mann" eingerichtet war, ſchon wegen der bedeutenden Koſten der Anfertigung des Holzſchnittes eine nicht unbedeutende geweſen ſein. Auch ergibt ſich Erſteres aus dem Umſtande, daſs von dem Holzſchnitte bald eine zweite Ausgabe veranſtaltet werden muſste. Um ſo auffallender iſt es daher, daſs er bisher nur in drei Exemplaren aufgefunden wurde und mithin zu den ſelteneſten alten Holzſchnitten gehört, ſo daſs ſelbſt Bartſch und Paſſavant in ihren Werken von ſeiner Exiſtenz keine Kenntniſs hatten[1]). Erklären läſst ſich dieſe Erſcheinung nur dadurch, daſs der Holzſchnitt eines jener zahlreichen Gelegenheitswerke war, die in jener Epoche in Folge der durch die Ausbildung des Holzſchnittes erleichterten Vervielfältigungsmittel in groſser Zahl auftauchten und nur die Neugierde des groſsen Publicums zu befriedigen ſuchten, mithin ſchnell verbraucht und abgenützt, nach kurzem Zeitraume aus dem Verkehre verſchwanden und nicht der Mühe werth gehalten wurden, geſammelt und aufbewahrt zu werden. Wir können dieſelbe Erſcheinung auch in unſeren Tagen beobachten. Wie ſelten iſt ſchon jetzt die maſſenhafte Tagesliteratur des Jahres 1848 geworden und wie viel iſt bereits zu Grunde gegangen, was einſt nicht ohne Werth für die Charakteriſtik jener Epoche ſein würde. So müſſen auch wir gegenwärtig uns glücklich ſchätzen, in Meldeman's Rundanſicht eine der wichtigſten Quellen der Localgeſchichte erhalten zu haben, die von den Zeitgenoſſen offenbar nicht ſehr hoch im Werthe angeſchlagen wurde, mehrere Jahrhunderte hindurch unbeachtet blieb, und erſt durch den Sammelfleiſs unſerer Tage wieder an das Tageslicht gezogen wurde.

Von den drei noch erhaltenen Exemplaren iſt das eine in der Sammlung des Vicepräſidenten der kaiſerl. Akademie der Wiſſenſchaften, Herrn Theodor von Karajan in Wien, das zweite war in der Sammlung des verſtorbenen Staatsminiſters Herrn von Nagler zu Berlin und iſt wahrſcheinlich mit den übrigen koſtbaren Holzſchnittwerken in den Beſitz des Berliner Muſeums übergegangen, und das dritte Exemplar iſt in der königlichen Sammlung zu Dresden. Das letztgenannte unterſcheidet ſich von den beiden Erſteren darin, daſs es colorit iſt, und zwar wurde die Illuminirung wahrſcheinlich zu der Zeit vorgenommen, als der Holzſchnitt im Drucke erſchien. Zwei Blätter des Holzſchnittes endlich erhielt vor mehreren Jahren das germaniſche Muſeum in Nürnberg zum Geſchenke[2]). So gering auch der Werth dieſes Bruchſtückes iſt, ſo gewinnt es durch den Umſtand, daſs ſich an den beiden Blättern das Vorhandenſein einer zweiten Ausgabe nachweiſen läſst. Zufällig iſt nämlich an einem der beiden Blätter die Überſchrift des Holzſchnittes erhalten und ſowohl aus der veränderten

---

[1]) Bartſch: Le peintre graveur, Vienne 1813, VII, 491 und Paſſavant: Le Peintre-Graveur Francfort 1860, III, 214.
[2]) Anzeiger für Kunde deutſcher Vorzeit, Neue Folge. III. Bd. 1856. S. 41.

XII

Fassung derselben als auch aus der abweichenden Form des Druckes, noch mehr aber aus der Verschiedenheit der auf Personen und Localitäten bezüglichen Inschriften geht hervor, dass dies kein Abdruck der ursprünglichen Ausgabe, sondern jener einer zweiten Ausgabe, vielleicht auch eines Nachdruckes ist[1]).

Die grosse Seltenheit dieses Werkes veranlasste bereits im Jahre 1851 Herrn Albert Camesina, ein Facsimile des in der Karajan'schen Sammlung vorhandenen Holzschnittes anzufertigen, dasselbe nach dem Muster des in Dresden befindlichen Exemplares von kundiger Hand illuminiren zu lassen, und eine neue Herausgabe dieses Werkes zu veranstalten. Ungeachtet die ganze Auflage im Drucke schon vollendet war, unterblieb jedoch die wirkliche Herausgabe der Meldeman'schen Rundansicht, und Herr k. k. Rath Camesina bot diese sammt einem im nächsten Jahre erscheinenden Plane der Stadt Wien aus der ersten Hälfte des XV. Jahrhunderts im Frühjahre 1862 durch meine Vermittlung dem löbl. Gemeinderathe der k. k. Reichshaupt- und Residenzstadt Wien zur Herausgabe an, welcher unter voller Anerkennung des hohen localgeschichtlichen Werthes beider Werke einstimmig die zur Veröffentlichung nöthigen Geldmittel anwies und Herrn k. k. Rathe Camesina und mir die unverweilte Veröffentlichung derselben übertrug.

Der günstige Anlass zur Herausgabe der Meldeman'schen Rundansicht soll aber zugleich benützt werden die wichtigsten schriftlichen Quellen zur ersten Türkenbelagerung, in soferne sie bereits selten geworden sind, weiteren Kreisen zugänglich zu machen und sie dadurch vor einem gänzlichen zufälligen Verluste zu bewahren. Hiezu gehören die Relationen des Peter Stern von Labach, des Hans Lutz und die Widmung des Niclas Meldeman an den Nürnberger Stadtrath mit der Beschreibung der Rundansicht. Diese im Anhange zu diesem Vorworte veröffentlichten Druckschriften, die seit dem XVI. Jahrhundert keine neue Auflage mehr erlebt haben, ungeachtet sie für die Geschichte Wiens von so grosser Wichtigkeit sind, und von denen die Wiener Ausgabe des Stern von Labach, wie bereits mitgetheilt wurde, nur mehr in einem Exemplare sich erhalten hat, bilden zum Theile auch eine Ergänzung und Erläuterung der Meldeman'schen Rundansicht.

Der Text der Relation des Stern von Labach ist mit den doppelten Varianten wieder gegeben, welche beim Vergleiche mit der Wiener Ausgabe aufgefunden wurden, und von denen die in einer Klammer [ ] befindlichen Zusätze auf die von Meldeman veranstaltete Ausgabe, und jene zwischen zwei Sternchen * * befindlichen Abänderungen auf den Dresdner Abdruck Bezug haben.

An die Spitze des Meldeman'schen Berichtes wurde die bisher bekannte älteste Ansicht der Stadt Wien vom Jahre 1489[2]), wie sie auf dem im Stifte Klosterneuburg aufbewahrten Babenberger Stammbaume abgebildet ist, gestellt[3]). Sie hat für den gegenwärtigen Zweck einen besonderen Werth deshalb, weil sie die Befestigung der Stadt an der Donauseite, wie diese lange Zeit vor der ersten Türkenbelagerung beschaffen war, und den Typus der mittelalterlichen Wohnhäuser unserer Stadt im XV. Jahrhundert mit einer seltenen Treue der Darstellung wiedergibt. In der Mitte des Bildes ist das alte, erst im Jahre 1776 abgebrochene Rothenthurmthor mit dem Mauthschranken und Mauthhaus sichtbar, jenes so benannt von dem rückwärtsstehenden hohen Rothenthurm, welcher auf dem Originale durchaus roth mit lichteren und dunkleren grösseren Vierecken schachbretartig bemalt ist. Es steht am Ende der noch heute sogenannten Rothenthurmstrasse, und entbehrt hier der Eckthürmchen und Wappen, mit denen es erst im Jahre 1511 geschmückt und mithin auch bereits auf der Meldeman'schen Rundschau dargestellt wurde. Zwischen dem Rothenthurmthore und dem Fischthurm nächst dem Fischbrunnen[4]) zieht sich die mit Zinnen bekrönte Ringmauer hin, unterhalb welcher ein Graben lief, der nach Aussen durch eine zweite jedoch weit niedere Zinnenmauer geschützt war, ohne Zweifel zum Schutze gegen die Einfälle des

---

[1]) Zu dieser Ausgabe der Meldeman'schen Rundansicht dürfte auch jenes aus vier Blättern in Quart bestehende und zu seiner Erläuterung gehörende Büchlein gehören, welches sich in der fürstlich Metternich'schen Bibliothek befindet und von Freiherrn von Hammer, S. XVII, in der Quellenübersicht zur ersten Türkenbelagerung (Nr. 3) angeführt wird.

[2]) Bei Bestimmung der Jahreszahl folge ich der Angabe K. Schnaase in seinem Aufsatze „Zur Geschichte der österreichischen Malerei im XV. Jahrhundert". (Mittheilungen der k. k. Central-Commission zur Erforschung und Erhaltung der Baudenkmale, Wien 1862, VII. Jahrgang pag. 243) und nicht jener von J. Feil in den „Berichten und Mittheilungen des Wiener Alterthumsvereines I, 5", welcher den Stammbaum in das Jahr 1493 setzt. Diese Differenz ist hier von Wichtigkeit, weil in das Jahr 1495 der zweite Einfall des Matthias Corvinus fällt, zu dessen Abwehr an den Stadtmauern Veränderungen vorgenommen wurden.

[3]) Dieselbe wurde von A. Camesina nachgebildet, von dem auch die Zeichnung zu dem in Frage stehenden Holzschnitte herrührt. Berichte und Mittheilungen des Wiener Alterthumsvereines I, 237.

[4]) Fischen, Fischern ist gleichbedeutend mit Abziehen, sichten (Schmeller, Wörterbuch I, 505). Es wurden in diesem Thurme daher wahrscheinlich die mautbältigen Geschäfte und Gefässe einerviert.

Matthias Corvinus in den Jahren 1481 und 1485. Rechts von dem spitzbogigen Ausgange des Rothenthurmthores steht eine unregelmässige Reihe von Häusern, die jedoch kaum zur Zeit der Türkenbelagerung vorhanden gewesen sein dürften. Zu nicht uninteressanten Beobachtungen in Bezug auf den mittelalterlichen Hausbau in Wien geben die Häusergruppen der Stadt Anlass. So wie in anderen Städten, sehen wir die Wohngebäude auf schmalen Grundrissen angelegt, mit einer Breite von nur zwei oder drei Fenstern. Während sie dagegen in manchen Städten, wie zu Nürnberg, eine Höhe von vier bis fünf Stockwerken erreichten, überschreiten sie hier nicht die Höhe zweier Stockwerke und entsprechen mithin der im XIV. und XV. Jahrhundert für Wien geltenden landesfürstlichen Bauordnung, dass die Häuser nur zwei Gaden (Klafter) hoch erbaut sein dürfen[1]. Die Bedachungen der Häuser sind ziemlich steil und hie und da mit stufenförmig aufsteigenden Giebeln verziert. An einzelnen derselben sind in der Façade Erker ausgebaut; die Fensteröffnungen unregelmässig angeordnet und mit einem geradlinigen Querbalken abgeschlossen.

Eine zweite Ansicht der Stadt Wien, gleichfalls von der Donauseite aus gesehen, und so wie die erste von A. Camesina nach dem im Besitze Seiner Excellenz des Herrn FZM. Ritters von Hauslab befindlichen Originale getreu copirt, steht an der Spitze der Relation des Hanns Lutz[2]. Die bei dem Rothenthurmthor abgebildete Scene stellt den denkwürdigen Einzug des Kaisers Maximilian II. in Wien (1563) dar und wurde in dem Jahre 1566 angefertigt. Vergleichen wir dieselbe mit der ersten hier abgebildeten Ansicht, so begegnen wir bereits jenen bedeutenden Veränderungen, welche an der Fortification der Stadt in der Zwischenzeit vorgenommen wurden.

— — —

Will man die Bedeutung von Meldeman's „Rundansicht" richtig würdigen, so muss der Standpunkt hervorgehoben werden, von welchem aus dieselbe zu beurtheilen ist. Dem „berühmten Maler" der Darstellung war es vor Allem zu thun, eine genaue Darstellung aller Einzelheiten der Belagerung übersichtlich zu geben, ohne sich an die topographische Genauigkeit der Gestalt der Stadt oder eine chronologische Reihenfolge der Vorfälle zu binden. Er wollte keine Vogelperspective der Stadt in dem Sinne liefern, wie dies im vorigen Jahrhunderte Huber gethan, und darum unterliess er auch die Einzeichnung der Strassen- und Häusergruppen, gab das Weichbild der Stadt in concentrischer Gestalt und deutete auch all' die Gräuel und Verwüstungen in den nächst Wien gelegenen Ortschaften nur in einzelnen Zügen und, in soweit diese von der Höhe des Stephansthurmes aus beobachtet werden konnten, an.

Meldeman war übrigens selbst darauf bedacht, seine Rundansicht gegen den Vorwurf der Ungenauigkeit zu sichern. In dem Berichte an den Nürnberger Stadtrath gibt er die Ursachen an, weshalb dieselbe in die Runde und nicht im Halbkreise oder der Länge nach gestellt worden sei, wie es gekommen, dass man auf derselben Dörfer, Schlösser, Flüsse, Felder, Berge und Thäler erblicke und in der Stadt die Häuser und Strassen weggeblieben seien. Im Zirkel wurde die Rundansicht gestellt, weil sonst viele Dinge, und zwar vielleicht die wichtigsten, nicht hätten dargestellt werden können. Die Vorfälle in den nächst Wien gelegenen Orten erblicke man deshalb auf derselben, weil sie von der Höhe des Stephansthurmes aufgenommen wurden und die Häuser und Gassen seien aus dem Grunde weggeblieben, damit desto besser erblicken könne wie sich das Kriegsvolk in der Stadt zur Gegenwehr gestellt habe, wie und wo man allenthalben in der Ordnung gestanden und wer sich mit Bauen, Befestigen und Anderem aller Orten begeben (beschäftigt) hat . . . „Also ist die Stadtmauer allein mit den namhaften Thoren und Thürmen und was in den selbigen verfasst, in den Grund gelegt und ein jedes mit seinem Namen verzeichnet und angezeigt. Auch seien alle Kirchen, so viele in der Stadt

---

[1] Es wurden wohl auch Häuser mit drei Stockwerken schon im XIV. Jahrhundert gebaut, jedoch bedurfte es hiezu einer besonderen landesfürstlichen Bewilligung. J. Feil: „Wiens Kunst und Gewerbethätigkeit". (Berichte und Mittheilungen des Wiener Alterthumsvereines III, 225.)

[2] Ihr Original-Holzschnitt ist nebst sechs anderen grossen Illustrationen in einer Gelegenheitsschrift enthalten, welche den Titel führt: „Gruendliche und kurtze Beschreibung des alten und jungen Zugs, welche beide zu Einleitung der Röm. Kay. Maj. Kaiser Maximilian des Andern u. s. w. Vorereallergnedigsten Herrn u. s. w. wie Ihro Röm. Kays. Maj. sambt derselben geliebten Gemail und Kindern von der Krönung von Frankfurt zu Wienn den 16. Monatt im 63. jar ankhomen, daselbs seynd angericht worden, sambt aller schönen und zierlichen Ehrenpforten, Panners und anderen Solennitäten wahrhaftiger angehenckten Contrafacturen etc. Gedruckt zu Wienn in Österreich bei Caspar Stainhofer Anno MDLXVI." Sie gehört zu den seltenen Druckschriften und ist hier vor im Besitze der Sammlung Sr. Excellenz des Herrn Feldzeugmeisters R. v. Hauslab. Vergl. A. Schimmer „Wien seit sechs Jahrhunderten". Wien 1847. II, 249.

XIV

»sind, eine jede mit ihrem Namen und ungefähr an den ihnen gebührenden Ort oder Revier gestellt, dabei leichthin zu verstehen ist, wo dies oder jenes geschehen oder gehandelt wurde«. Hält man sich den hier geschilderten Gesichtspunkt gegenwärtig, so wird man an diese bildliche Darstellung keine anderen Anforderungen stellen, als welche der Zeichner selbst zu befriedigen versucht hatte.

So viel wir aus unserer Rundansicht ersehen können, umgab die Stadt eine doppelte Ringmauer. Die äussere Ringmauer nahm ihren Anfang in der Nähe des Biberthurmes, setzte sich bis zur Stubenthorbrücke fort, wo sie am rechten Wienflussufer die hart an demselben gelegene Vorstadt bis zur „Set. Niclasporten" umsäumte. Bei der Brücke am linken Ufer aufwärts, nahm sie hierauf etwas einbiegend die Richtung gegen das alte Bürgerspital, begrenzte die dort gelegene Vorstadt, reichte wahrscheinlich bis zur alten steinernen Brücke und von dort wieder bis zu dem vor dem Burgthor angedeuteten Graben. Daselbst bricht die Mauer ab und kommt erst in der Nähe der nach Set. Ulrich führenden Strasse zum Vorschein, wo sie im Bogen die „Vorstadt" zwischen den zwei Mauern umschliesst und bei dem Thurm im Elend wieder verschwindet. Ob diese Ringmauer auch an der Donauseite bestand, darüber gibt unsere Rundansicht keinen Aufschluss. Jedoch aus jener Ansicht der Stadt, die an die Spitze des Meldeman'schen Berichtes gestellt ist, ersehen wir, dass dort noch im Jahre 1489 eine zweite Ringmauer bis zum Rothenthurmthore vorhanden war[1] und es ist kein Grund anzunehmen, oder aus Urkunden ersichtlich, dass dieselbe in späterer Zeit beseitigt wurde. In keinem Falle aber hatte die hier beschriebene Mauer zur Zeit der Belagerung noch irgend eine fortificatorische Bedeutung und war augenscheinlich nur der Überrest eines Befestigungssystems der ältesten Periode.

Die Hauptschutzwehr zur Vertheidigung gegen den mit einer Zahl von mehr als 300 Geschützen und einer Truppenmacht von ungefähr 250,000 Mann vor der Stadt erschienenen Feind bildete der innere Mauergürtel, der ohne eine Unterbrechung die ganze innere Stadt einschloss. In welchem Zustande auch diese Mauern waren, davon entwerfen uns allerdings die Augenzeugen der Belagerung keine sehr erbauliche Schilderung. Sie bezeichnen sie als schlecht, alt und baufällig, ohne grosse Widerstandsfähigkeit, die gehörige Stärke und Höhe und ohne hinreichend deckende Streifwehren, um zu verhüten, dass der Feind sich denselben allzusehr nähere. In der That war auch diese Ringmauer, wiewohl theilweise in gebrochenen Linien gebaut und mit Erkern versehen, nicht im Verhältniss zu den Angriffsmitteln, die der Feind entwickelt hatte. Schon aus den alten Stadtrechnungen geht hervor[2]), dass sie in ziemlich schlechtem Bauzustande war, denn die Erhaltung, Ausbesserung und Erneuerung einzelner Theile bildet schon lange vor der Türkenbelagerung eine stehende Rubrik und verursachte dem Stadtrathe fast ununterbrochen bedeutende Ausgaben. Wenn ferner in den Relationen hervorgehoben wird, dass sie nicht dicker als 6 Fuss war, dass die Türken mit zahlreichen Leitern versehen waren, um die Stadtmauern zu ersteigen und die in den Häusern der Vorstadt zwischen dem Burg- und Kärnthnerthor versteckten Janitscharen den auf den Wällen stehenden Soldaten so bedeutenden Schaden zufügten, dass die schmalen Maueraschnitte an einzelnen Orten vermauert werden mussten, so spricht dies gleichfalls nicht für eine besondere Höhe der Mauern.

Werfen wir endlich einen Blick auf die Rundansicht selbst und berücksichtigen wir auch, dass die Befestigung von der Höhe des Stephansthurmes aus gesehen, keine detaillirte Darstellung zuliess, so bestätigt sie doch im Allgemeinen die aus schriftlichen Quellen geschöpfte Schilderung. Im Zusammenhalte mit den erwähnten Angaben scheint uns nämlich die Annahme vollständig zulässig, dass die Mauer an den meisten Stellen nur 2—3 Klafter hoch war und zwischen dem Biberthurm und Stubenthor, dann zwischen dem Burgthor und Schottenthor an keiner Stelle irgend ein bedeutendes, gemauertes Vorwerk vorsprang, so dass daher die Mauer allein jeden feindlichen Angriff auszuhalten hatte. Nur von Aussen lief um dieselbe ein breiter, aber grossentheils trockener Graben, der vor einem allzu raschen Erklettern oder Anstürmen sichern sollte. Nach Innen lief ungefähr in der halben Höhe der Mauer ein hölzerner Gang für die Vertheidiger, so schmal aber, dass nicht mehr als ein Mann darauf stehen konnte und so unbequem, dass man nur mittelst Leitern darauf gelangen konnte. Die Geschütze waren unterhalb dieses Ganges vor besonders ausgebrochenen Öffnungen aufgestellt und wurden auf einzelne Thürme aufgezogen. Von den Thürmen und Thoren scheinen blos der Kernerthurm, das Schottenthor und der Thurm im Elend zur Vertheidigung mit Geschützen geeignet gewesen zu sein.

[1]) Berichte und Mittheilungen des Wiener Alterthumsvereines I. S. 237.
[2]) Vergleiche auch Schlager, Wiener Skizzen III, 169 u. ff.

mache gen Knedischwerffennburg (so bißher ain Schlüssel der ganngn Cristennhait gewesst) ankhomen ist, hat obbemellter Graff Hanns vom Irpps, der zu schaden vnd vertilgung seines vatterlandts, gebotn, vñ aller pöser vncristenlicher handlung nie nichts vnnderlassen, sonnderlich die Teutsch Nation wie die Türckhn von jugenndt zuuervolgen genaigt: sein botschafft daselbst bey dem Kaiser *Trannen Soliman* gehabt, vnd mit seinen vnchristennlichn Practickhn vñ hanndlungen nicht allain das Cristenlich Künigreich Hungern (zu welchem Er kain gerechtigkait nie gehabt) sein aign vaterlandt verzweyfelter weyße dem Türckhn verkhaufft vnd vbergeben, sonnd vber all Teutsche lanndt vnd Cristen Rat weg vnd Ansleg dieselbe zuuertreiben, angezaigt vnd geben hat: vnd nach beflüß aller des Grafen von Irpps hanndlungn hat sich zwischen den Türckhn ain groß geschray vnnd frolockhung erhebt, drey mall die erden gekusst, das geschüz alles abgeen lassen, vñ jren Machumet dankhgesagt, das auf dise stunde die zwo Nation Hungern vnnd Türckhen sich verainiget, vergleicht vnnd ains worden sein.

[Nach dem er aber mit dem Wagda vñ etlichen Bischoffen ꝛc. seyn practick vnd gütte kunt-]
[schafft also gehabt hat er der Keyser *Soliman*] Darnach hart der Kaiser mit seinem volckh, sernen paß am wasser vnnd lannde strackhs auf die Künicklich Statt Ofen genomen, zu welchem merge dachter Graff Hanns von Irpps auf dem weg selbs in argner person mit wenig volckh komen ist, alda sich vnnd das Künigreich Hungern in des Türckhn gwallt ergeben, vnd zugesagt mit allen Hungern wider die Teutschen zuziehen. Aber von dem Kaiser *Soliman* der vorhin seiner pösen verretterischen hanndlung, so Er an dem durchleuchtigistñ Fürsten vnd herrn herrn Ludwigen König zu Hungern ꝛc. hochlöb. gedechtnuß, vnnd sonnst in manigerlay weg begangnen, selbst ain entsezen gehabt, mit klainer sollennitet emphanngen worden, vnd an dem ganngen zug biß gen Ofen, mit seinem gesinde von den Türkhn abgesünndere hinden nach ziehen müeßen.

Vnd damit Er der Türckh das Künigreich Hungeren danzumall, desst pesserfuegs vnnder sich bringe, Generall manndat außgen lassen, jnnhallteenndt, wer sich dem Graf Hansen von Irpps, den er König nennen lassen, den Er widerumben einzusezen zu beschirmen außgezogen wäre, nicht gehorsamlich widerumben vndergeben werde, dieselbñ welle Er mit dem swert vnd prannde verderben vnnd vertilgen. Die jm aber gehorsam erscheinen, vor menigkhlich geschüzen vnd Sy bei jren güetern vnd freyhaiten beleiben zulassen.

Auf solch ernnstlich ermannung, auch des Graf Hannsen valsche Practickhn, sich die Stett Fünfkirchen, Stuelweissennburg, Pesche vnd annder Flekhn vnd jnnwoner des Künigreichs vonstundan ergeben, Allain die Stat vnd Sloß Ofen, darjnne zwai rennder knecht, vber welche Cristoff Peisser vnd Hanns Traubinger Hawbtleute gewesste, etlich teütsch Burger vnnd dienstknecht, [vnd Berhlem] [Nicolaisch mit acht hundert Hungern] verbannden warn, zugegenweer gesezt haben, dieselben als nun der Kaiser *Soliman* mit aller seiner macht für die Stat ist komen, habñ Stat vnd Sloß mit vbersteigung etlicher gwelltiger Stürm (vnter welchen ayliff ganz gewaltig gezelet seyn) vnd grabens etlich tag vor gehallten: Zum legsten aus vnaufhörlichen Stürmen ganng machtlos vnd gebelliget, begrungen worden in das Sloß zuwerchen, darjnnen sich Ritterlichen gewert: aber nachdem daselb zu kainem ernnstlichen widerstanndt mit strauch oder ander weern, gebaut: sonnder ain Künigklich Lösshawß ist jnbedeñkhung der vnuermeidlichen not vnd gefärlichkait, die sy vor augen gesehen, das Sloß vnd sich selbs mit raidung aufgeben haben, dennen der Kaiser *Soliman* sicherung jres lebens zugesagt vñ paßpoirtn mit seinen aignen hanndtzaichen vnnd peghaiet (wie sy sich dann jrer münster nach gebrauchen) versertiget, widerumben in das Teütsch lande zu ziehn, auch plaits leüt zuegehn hart. Aber vnangesehen diser seiner zuesagung jnen guetten glawben zuhallten vnnd verferrigten paßporten, [wie sie durch vester porten drey zießß müssten, in den samer] [hoff zu nechst vor dem Schloß, hat man sie nit wetter dan durch die ersten srey ziehen lassen, dan] [als bald sie durch die anndern porten ziehen wolten, fiel do ein rot in sie, dort ein rot, namen] [seynem den spies/ dem andern den degen/ harnasch/ pareth ꝛc. ruckten rey drey/ daß vier dohin in] [ein ecken/ erstachens vñ erwürgtens/ Vnd als sie für die dritten porten in den samet hoff kamen/] [vñ weerlos waren/ do stunde gewaltiger hauffen drey vor jnen/ dardurch sie ziehen müsten/ vnd als] [bald sie hinzwischen kamen/ zustund was der Wascha der oberst nach dem türckischen Keyser da mit] [seynem volck/ erwürgtens vñ hawens jämerlich darnieder/] so bald sy für das Stat thor komen sein/ haben jnen die Janigaren alle jre weer genomen/ sy geblindert/ vnnd zum letzten nicht weyt vor der Statt in sy gefallen/ vnnd nider gehawen/ also das jr wenig nicht vber sechzigth gefangen genomen/ die auch zum tail ledig worden sein: aus dem ist nun ainem jeden Cristen mennschen ab zenemen vnd zügedennkhn/ was auf des Türckhen zuesagen/ trawen vnd glawben zühallten ist.

Nach eroberung der Statt vnd Sloß Ofen/ hat der Kaiser seinen zug strackhs auff Osterreich vnnd Wienn genomen/ vnd da zu Ofen den Graf Hannsen von Irps/ vnd Hertzogen von Venedig Passtharten Ludwign Grieti genannt mir fünf tausent zu fues vñ drey tausent zu Ros gelassen.

Die Slösser vñ vesste an d Tunaw gelegn/ als Plintepürg. [Plintenburg] Gran/ Comorn vnnd Altemburg durch willigklich ergebüg eingenome/ an welche jede Flecken aine/ wo sich die leüt darinne/ wie sy zuthun schuldig gewest vñ sonderlich der Bischof von Gran/ der stat vñ Sloß Gran/ an alle vrsach/ wider sein pflicht/ Ayd/ Eer vñ Cristenlichn glaube/ dem Türcken [ee vnd Ofen gewunnen] vbergeben hat/ vñ er selber Türckisch ist worden/ treulichen gehandelt/ sich der Türckh auf das wenigist etlich tag vñ woche/ bis Kü. Ma. ain trefflich kriegsvolk zusame bringe mügen/ her saumen vnnd hindern müessen/ dardurch sölch vnüberwindlich verderbnus des Lanndes Osterreich/ des zu langen zeitten derhalb tail nimer zu früchten gebracht werden mag/ auch das zum höchsten zuerbarmen/ das volckh von Mans vnd Weibs persone klainen kinden vnd vil der schwangern Frauen/ so hinweck gefürt/ das maisten nider gehawt/ vnd grausamlich damit gehandlt worden/ durch erhaltüg diser Flecken verhuet hetten werden/ vnd der Türckh der angeunder strenger winter zeit/ so lang nit beleibt/ oder so weite heranf ruckhen vnderstehen mügen.

[Im schloß Altemburg seyn etlich Behem gelegen/ vnd als der Türck dafür kumen/ haben sie] [im das on allen zwang vbergebe/ haben auch keyn schuß auß dem Schloß gethon.]

[Als der Türck gen Bruck an der Leyten/ nit weyt vnter Wien gelege/ kumen/ vnd das Stettlin] [erfordere/ haben sie sich mit eynander beraten/ vnd zwen burger zu dem Türcken beschickt/ mir jm] [vmb gnad zuhandlen/ hat jnen der Türck durch ein Dulmetschen sagen lassen/ Diewey sie sich jm] [willig ergeben/ so sol jnen jr leyb vnd leben/ jr weib vnd kind/ jre heuser vnd alles was sie haben/] [geschenckt seyn/ vñ hat den zweyen gesandten alsbald gepoten/ jre röck auß züziehen/ welchs sie von] [stundan gethan/ hat er eym yeden ein sametin schauben anziehen lassen/ vñ sie in die stat geschickt] [mit sampt zweyen seynen haupleuten/ welche jn vnd der stat zum schutz zugeben vnd verordnet] [worden.]

[Als aber der Türck solche flecken all erobert/ vnd den zug für Wien zu verpringen statlich] [anhub/ hat menigklich grossen schrecken empfange/ nit allein zu Wien/ sonder in Kernten/ Steyre-] [marck/ vñ andern vmbligenden gegenden/ flecken vñ stetten/ ist also am frü. tag Septembris beschehen] [die flucht von weyb vñ kinden/ auch nambhafftigen burgern vñ wolhabenden/ die in gemeyner stat] [emperern vnd Rats freund gewesen/ vñ sind also nit mer als drey ratsherrn/ sampt Burgermeyster] [vnd Richter in der star Wien bliben. Die weyber vñ kind sind den merern teyl in der türcken hand] [kumen/ vnd so tyrannisch vñ erbermlich mit jnen gehandelt worden/ das nit wol auszusprechen vnd] [zu beschreiben ist/ welcher groß jamer eynem yeglichen Christen menschen wol zu behertzigen ist.]

Vnnd demnach tag vnnd nacht vngeseirt mit dem eillendisten der Statt Wienn zuegeilet dieselb am frü. tag des Monats Septembris mit etlich tausent pherdten berennen lassen.

Da dann der Kü. Ma. verwalter der Obristn veldhaubtmanschafft/ Obrister veld Marschalk vnd ander verordnete Kriegscommissari/ Rate vñ Haubleut/ die eilnde vñ vnuersehenliche ankhunfft der Turkhé geſehen/ vn̄ ſo eilunde mit kainer treffenlicher mache ſich in das velt/ dē veinde entgegen zúlegern gefaſſt/ zú hanndt entſloſſen in der Stat zú beleiben. Vn̄ darauf zú beſſtätlicher erhaltung derſelben die voiſteet all/ an jne ſelbs weitſchächig vn̄ vil volkhs bedürftig geweſt/ abzúbrenn̄ vn̄ zúſchlaiffen beuolhē: nach zerſchlaiffung dſelben/ gemelt Kü. Ma. Kriegskomiſſari/ Räte/ Haubeleut/ Edl vnnd gmaine kriegsknecht/ da bey einand zúbeleiben/ die Stat vn̄ dz treffenlich geſchütz darjnné/ ſo lang jr leib vn̄ leben weret/ zúerhalte/ vn̄ von des Criſtenliché glawbens wegē betenand zú ſterbē vn̄ zú geneſen/ ſich zúſamē verbünden haben: vn̄ darauf ſich yederman in d' Stat zú gegenweer ſtellen vn̄ ſchickhen müeſſen/ den haubrleuten yedem ſein Fleckhn bey der Mawr zúuerſehen verordnet woiden.

Vnnd néblichen dē durchleuchtigen hochgebornen Fürſten vnd herrn herrn Philipſen Phalzgrauē bey Reyn/ vnd Herzogen in Bairn etc. (der ſich in diſe geſerliche belegerung ſelbs willigliché begebē hat) vn̄ den andern des heiligen Reichs Haubtleurn̄/ das quartier bei Steubenthoi/ bis auf halb Kerner viertl vn̄ aber das zú dē andern tail des Stubm thoi bis zum Pyber thürn/ vn̄ von dēſelben gar an Rottenthurn eingeben/ vn̄ dē herrn Lehn von Reiſchach haubrman vber drei tauſent knecht das Kerner thoi/ von des Reichs hauffen bis auff ſand Auguſtin Cloſter/ zúuerhüeten beuolhen geweſt. Nach dē von Reiſchach/ Abl von Holnegt Haubrman vber den Steyriſchen hauffen/ das quartier bis jn garten nebē der Purgkh ingehabt. Herrn Liennharten Freiherrn zú Vels/ Haūbrman vber die knecht des alté hauffens/ das Purgkhthoi/ vnd Sloß purgkh von der Purgkh das quartier bis an Schottnthoi/ herrn Wolffgangen Freiherrn zú Rogenndoiff vn̄ Mollnnburg etc. Lannd Marſchalch in Oſterreich vnder der Enns/ Obriſter vber die gerüſſt Oſterreichiſche pherdt/ ſambt andern Viertlhaubrleurten des zehennden Manns/ vnd das Schottnthoi bis an Judenthurn/ herrn Reinprechten von Eberſdorf/ haubrmā vber zwa reñdl knecht [vom gemelten thurn das quartier im] [Ellendt] den Hiſpaniern/ dz quartier jm Ellennde/ die darnach zúhilff der Kerner thois viertel/ von wegē jrer halb backhen/ von dannen genomen/ zúuerwarn verordnet iſt worden: von thurn im Ellennde/ hart/ Ernſt von Brannndenſtain Obriſſter vber zwa tauſent Behē/ ſambt Wilhalm von Wartennberg/ zwa thoi gegen der Túnaw/ das Wernerthoi/ vnnd Salgthurn vnnd den Kornthurn ſambt Graf Hannſen von Harbegkh Haubrman vber zwahunndert pherdt/ biſs ann des Reichs volckh im beuelh gehabt.

Nach auſtailung der quartier/ das geſchüz auff alle Fleckhn vnd Thürn herfür gezogen/ ſonderlich auff den Kerner thurn/ treffenlich ſtuckh/ der auch etlich in der belegerung von dem häffigen ſchüeſſen/ zerſpiungen/ auffgezogen worden/ aus welchen man die gannz belegerung *Belegernús* weit vnd brait vmb die Statt/ vnd in das veldt arbaitn vnd ſchüeſſen hat mögen/ vnd den Türckhen groſſen merkhlichen ſchaden/ wie die gefangen Türkhen ſelbs/ vnd die entrunnen Criſten bekhennen/ gethan hat: Sein auch die Starrhoi all/ auſgenomen der Salzthurn/ den man zum auſfallen offen gelaſſen/ verpolwercht vnd zum tail vermawrt woiden. Die Strait ſchüff nach dē man der Wallſchen Schiffleut/ nit erwarten mügē/ zum tail verpient vn̄ verſengkht woidē/ etlich ſonſt ſteen laſſen.

Dieweil aber nichts beſſterminder hatt die Berenung der Statt vnnd Straiffung der vmbligunden Fleckhen vor ankhunfft des gwaltigen hauffens/ bei dieien tagen [fürnemlich aber am.] [xxi. vnd xxij. Septembris] on vnderlaſs gewert/ vnd vnſere Ringe pherdt mit den Türcken ſtundlich geſchermigkt/ derſelben vil gefangen/ vnnd der erſlagen/ köpff täglich herein gebracht.

Am xxiij tag des monats Septembris/ ſein vnſere Geraiſige vngeuerlich bei fünff hundert pherde/ zum Stubmthoi hinaus an den ſchürmigl gerucht/ an welchem [die türckiſchen Huſſern vnſere] [reiter in die flucht geſchlagen/ ſeyn] aus vnſern Reüttern drei vmbkhomen/ vnd Siben gefangen woiden/ vnnder dennen Graff Hanſen von Hardegkh venndrich Criſtoff Zerlig genayge [genant] geweſen/ haben die Türcken/ den dreien erſlognen/ [vnd die armen leut an frangoſen vn̄ ſcheben/] [bey ſant Marten ein viertail meil võ der ſtat do ſie gewonent/ haben die feind elendigklich erwürgt/]

[seind an der zal rr. aber bis in die. lrr. haben mügen gehen/ die sind in entloffen. Auch haben]
[die türcken den dreyen erschlagnen reüttern] vn vier armen siechn menschen/ so bei S. Marren im
Siechhaus kranck gelegn/ ire köpf abgehawen. dieselben sibm köpff/ die sibm gefangen Reütter an
den spiessen auffgesteckht/ für den Türckischen Kaiser "für Solimannum" tragen müessen.
[Desgleychen auch auff den rriiij. tag Septembris sind ein grosse menig der Nassern schiff]
[bis in die 400. an die Tunaw kumen/ haben die täber verpient/ die pluckhen abgeworffen/ vn allen]
[vorrat zu der plucken verpient.]

Darnach von stunden hat der Kaiser "Solimannus" die gefangen gefragt/ Ob die Herrn vn
Haubtleut die Statt nit auffgeben wellen: die geantwurt/ Sy wellen sich weern biß ir leib vn
leben werde/ des hat dem Kaiser "den Solimannum" ennstlich verdrossen. Weitter gefragt wie
starckh man in ȷ Stat wäre/ gesagt/ bei zwaintzigkh tausent landtknecht vn zwai tausent gerüste
pherde. Mer gefragt wo ir Künig sere, geantwort zu Lyntz/ rciiij meill weit von Wien. Sagt der
Kaiser "Solimannus" Ich wil in/ vn wen Er mitten im Reich wäre/ auch andere Teutschen suechk.
Ferrer gefragt/ warumb man die vöstett auffgebrent/ vn soul arm leut gemacht. Sy werden
darumb die Stat nit erhallen/ es sey gewiß sein: geantwort sy wissn nit.

Nach der frag hat Er aus den vnsern gefangen/ den Egemellten venndrich mit seiden vnnd
gulden stückh beklaibe/ vn des andern tags vier aus den siben ledig gelassen-yedem drei Turkhisch
ducaten geschennckhe/ vn zu den Herrn kriegsödmissarien herein in die Stat geschickt/ mit begern
das sy die Stat williglichen auffgeben/ so wil Er alsdan den vertrag mit den Herrn aussen vor
der Stat annemē vn beschliessen/ auch niemandes von seinen volck hinein lassen/ vn nindert khain
schaden thün. Wa sy aber die Stat nit auffgeben/ so wil Er von bannen/ bis die selb erobert/ nit
waichn/ vn darinne iung vnnd alt zu todt slagn/ die Stat zum lauttern aschn verbriennen vnd ver-
derben. Daneben auch anzuzaige beuolhen/ die weil ain Got ain himell ist/ so ist billich das auff dem
Erdtreich auch nur ain haubt vn Regirer seie/ derselb wil Er sein/ vn sein kopff mit samfft legen/
biß sy vn die gantz Cristennhait vnder sein gewalt/ bezwungen werden.

Vnd als ime darauff kain antwort ist geben worden/ vorstunden mit dem gewaltigen hauffen
in güter sliacht ordnung der Stadt Wienn zuegenahent/ vnd an dem zug die Stat Prugkh an der
Leitra vn Sloß Trauttmanstorff/ gweltigkhlich erfodert/ die sich dan ime mit zusagen ergeben
haben/ aber darinnen niemandes kainen schadn gethan/ vnd am abziehen enuerwüst beliben lassen.
Nach gemelter flecken einnemäg den Sackhman vn die im vor Rennen/ dero merer tail kain Sold
haben/ allain auff gewin vn raub aufziehen/ ob viertzigkh tausent starkh weit vnd braitt/ auf
alle gegent vorgeschickht/ die sich in das lannde hinauf ob der Enns vnnd hinein in die Steirmarch
zerstrait. dieselben flekhen allenthalben durchstraiffe/ verwuesst/ vnd verbrent/ die leüt vil tausent
iemerlichen ermörde/ erslagn vnd wegkhgefüre/ vnd das zum erbarmblichisten/ die kinder aus müter
leib geschniden/ wegkhgeworffen/ oder an die Spryß gestekhe/ die iungfrawen der Cörpör man vil
auf den strassen ligen funde/ biß in tode genötigt/ der Seeln der almechtig genedig vnd barmhertzig
sein/ vn solch morde vnd vbel an den grausamen pluethundn/ nicht vngerochen/ lassen welle.

[Auff den rrv. tag Septembris sind die letzten knecht vom Reich/ nemlich ij. fenlin von]
[Nürmberg/ in die stat kumen/ vnd als sie am absahrt kamen gen Bresmaur ein stettlin an der]
[Tunaw gelegen/ haben sie vor vngestüme des windes nit fort faren kunnen/ sonder mußten in irer]
[ordnung zu füß geen/ vn die schiff hernach treiben lassen/ Vnd do sie kamē zwischen Driesmaur]
[vnd Dullen/ sind in vil tapfferer burger von Wieñ begegnet/ welcher suma bis in die. 3000. mit]
[weyb vn kindern gewesen sein/ vnter welchen auch vil Ordens leut/ als pfaffen/ münch vñ Nonnen/]
[auch bis in drey od vier tausent zu schiff mit ir hab vñ güt/ als flüchtlich/ vñ mit eynem solchen]
[erbermlichen wandel vnd geschrey/ es möcht ein stern erbarmet haben/ dasselbig volck nachmals den]
[türckischen huffern vnd rayssigen in die hand kumen/ die iung vñ alt erwürge/ vnd ires güts beraubt]

[haben/ fein also dise knecht von Nürmberg zů fůß mit gerüster ordnung vnd auffgerecktem fenlin]
[vnuerhindert des feynds/ der sie wol gesehen hat/ bis in die stat kumen.]

Vnd sich also am xxvj. tag Septembris mit aller seiner macht/ auff lanndt vnnd wasser/ für die Statt Wienn gelassen/ vnd dieselb Ringßrumb belegert/ sein leger so weitt/ braitt/ vnd dickh in einannder geslagen/ das man daffelb auf dem hohen sannd Steffan thurn nit vbersehen hat mügen/ bei zwo meil wegs perg vn tall vol zelten in einannder gestekht/ gestannden: sein des Turkbischer Ka. "Sultans" leger/ hat Er von fand Marten kirchen vor dē Stubm Thor gelegen/ biß auf Schwechet/ vn Trautmäsdorff hinab/ vn des Ibram Wascha/ des Kayf. erster Vezirischer [Vezillifer] Secretari Obriffter Hawbtman vnd Gubernator des ganngen Turkhischen Kaiserthumbs vnd Kriegsuolkhs/ gegen d Stat von der Túnaw biß auf das Wienner geburg weitt geslagen gewest. Vnd in der mitte des Kaisers "Solimanni" leger all sein veldgeschüz/ wie all gefanngn Türkhn vn kunde-schafftn geleüt/ biß in die dreihundert stůkh/ mit allem vorraill zů ainer stacht/ mit aufgeworffen Graben vnd schanngn gestellt. Vnd Er der Kaiser "Solimannus" mit seiner personn an ainem weittn plaz darjnnen/ in seinen zeltn/ die all jnnwendig mit gulden stůkhen vnnd gulden polsstern der Türkhn gebrauch nach/ bedekht ausserhalb aber in der höch mit gulden knopffen besezt/ vnd vmb sich fünffhundert trabantn mit hanndt pögen/ vor dem geschüz seine Janitscharn auf welche Er all sein herz vnd trosst sezt/ vnnd die auch ainen Kaiser "Sultan" zůerwellen gwalt haben/ biß in die zwelf tausent/ gehabt vnd gelegen. Die anndern seine Wascha/ Zanntsches vnnd Haubleut/ als der Wascha aus Naralia/ der Wascha aus Wassen/ der Wascha aus Smediar der Wascha Mostkarsku vnd annder habn jre leger nach lenngs der Stat/ biß auf den Rollnnberg hart in einannder gehabt: Die Naffarn sein von der Statt neben dem wasser/ auch schir biß auff Nußdorff weitt gelegen/ Vnnd nachdem die Turkhn am anfang gesehen/ das sich das Kriegsuolkh in der Statt dermassen zůgegenweer gestellt/ vnd die maist arbait mit dem geschüz vom Rherner thurn/ vn denselben vmb/ geschehen: habe sich vmb gemellen thurn vonstundan hart angenomen: vnnd die zů fuess mit dem hanndtgeschüz in die vorstatt zwischen der verbrennten hawser gemaiert vn ausserhalb der vorstatt mit grossen geschüz/ gelegert/ dem Rherner thurn vn weer auff der Statt mawr hässtig tag vnd nacht on vnderlass zuegeschossen: also das sich die vnnsern nindert mer auff der Mawr bei den Zynnen sehen noch pleibn haben geturn. Vnd vil also vnuersehennlich zun ersten auff der Mawr erschossen worden/ vnd den Türkhn hinaus wenig schadens thůn mügen: desshalben/ das sy vnnder den gemaiern gelegen vnnd durch dieselben jre schüeslöcher gemacht/ vnd gantz gewiss geschossen haben/ auch mit hanndtpögen vnnsäglich in die Stat geschossen/ also das die bächer auf den hewsern nebn der Stat mawr voll mit pfaillin nicht annders als purschten gesehn.

[Es haben auch diesen tag vnsere öbersten zwen gefangen türcken wider zů jm jnß leger]
[geschickt/ aber mit verpundē augen durch die stat vn wach gefüert/ vnd eynem yeden drey Ducaten zů]
[zerung geben/ dem Türcken zů mitpoten "yuentboren" sie haben auch gelt/ vnd die vorstadt]
[sey jm schon geraumbt/ er sol darein ziehen wen er wöl/ aber der andern stat so er auch erfordert]
[dürfften sie selbs zc.]

Am xxvij tag Septembris/ sein des Türkhn Naffarn Schüff all biß in die fünffhundert herauff zů d lanngn prügkhn gerükht/ dieselb sambt der Prügkhn im Wolff vn dem Thåber angezündt vnd abgebrennt/ vnd sich oberhalb derselbn an das lañde gelegert: das dañ warlich zů abschrikhung vn nemmung der Profanndt/ auch niderlegung aller poss vnnd hilff/ nicht ain klainer schadn/ sonnder merkhlichist vnnd grösst nachtail gewest. Sein vnnsere gerüste pherde/ vn bei drei tausent knecht zů jnen hinaus gerükht/ vnnd den schürmizl angenomen/ Aber nach dem die vnsteren kain gwellttig geschüz mit jnen hinaus gefüert/ den Naffarn nichts sonders abbrechn mögen/ dañ sy vonstunban aus jren schiffn gesiochn/ vn zů dē andern lande hinauff gen Nußdorff weres gewichen/ daselbst wie obgemellt ablegn jre leger gehabt: Also sein wir von den Türkhn vmb vn vmb der

8

Stat auff wasser vnd lanndt ringweis swerlichn belegert/ alle strassen vnd paß verspert/ die Prugkhn auf dem wasser abgeprennt/ vñ das wasser von den Tassarn gewelligkhlichen enntnomen worden/ das niemandes mer zů vnns in die Stat/ noch wir aus der Stat khomen möge/ auch kain profanne mer zůgefüert werden/ vnd allain an dem gestanndnen/ sich vmb leib vnd leben zů weern/ des dañ dennen in der Stat mit der klain menig/ so gegn des Türkhn macht/ darjnnen gewesst/ vnd fürnemblich der grossen vbertailung des Türkhn vnd vnuersehung halben der Stat/ gantz geferlich/ mißlich/ vnnd wie ain jeder leichtlich hat zuerwegen/ sorglich gestanden.

Vnd sonnderlich nachdem berürt Stat Wienn/ wie jetztgemelte/ vber vñ pöslich befestigt/ nur am gestechte/ alte pawfellige Ringkhmawr/ nit sechs Schuech dikh/ auff ainem auffgeworffnem wall/ mit kainen straichweern durch aus versehen/ aufgeführt/ vñ ain flechen drukhn grabn vmb sich hat/ das sich auff dieselb als zů ainer gegnweer durch aus nit zůuerlassen/ Sonnder allain/ das Kriegßuolkh jr darum kurtz auf jr aign hennde stelln müessen/ dargue weitter schadtig vnd vil leüt bedürfftig. Mag menigkhlich bedennkhn mit was trost/ vnd behertzigung die in der Stat so wenig als vber sechzehen tausent weerhaffter vnd versoldter Kriegßmänner/ nit starkh/ ŏ Burger vngeferlich vber ain tausent (bañ die anndern vñ die maistn/ vber das sich so ain treffennlicher hauffen/ als von Fürsten/ gebornen Graffen vñ herrn/ die an der ennden an jren guettern nichts zůuerliern gehabt/ sonder Leern halbn vnnd zů errettung der Cristennhait das pesst gethan) all aus der Stat gewichn nit verhanden: gegn ainer so vnnglawbiger grosser macht des Türkhn/ der wie all gefanngn Türkhn/ die entrunnen Cristen vñ kundschafften gesagt biß in die drey hundert tausent starkh/ doch auff das wenigist/ der halbtail post volth/ jetzo vor diser Statt gelegn/ sich zů gegenweer setzn vnd stelln söllen: Sonnderlich dieweil sy seines Stürmens vnd kriegßfürnemens/ wie Er der Türkh annderstwo auch gehanndle ain wissen getrage/ aus fürsorg sölch klaine macht in der waitern Stat an alle Orter vnd plätz austailn vnd quartieren/ vnnd darauff stundtlich nachts vnd tags des Stürms vnd vberfalln/ so Er an allen Orten mit einander zůthuen willens gewesst/ gewartten müessen.

Nichts destminder haben sich der ehemellter Fürst Phalzgraf Philipps/ Künigkhlcher May. verwallter der Obristen Veldhaubtmanschafft/ Graf Niclas von Salm der Elter/ Herr Wilhalbm Freyherr zů Rogunndorff vnnd Mollnburg etc. Obrister Veld-Marschalch/ vnd annder verordennte Kriegscommisari vnd Rät/ Haubtleüt vnnd gmain Erlich Kriegßknecht in genannter vnbefestigtn Statt/ also finden lassen/ Vnd die gantz belegerung/ souil jnen möglich vnd mennschlich gewesst/ Ritterlich gehalten/ vnd also die knecht am xxvij tag. Septembris bei durthalb tausent starkh/ zum Berner thor hinaus in die vorstat gefalln/ der Türkhn vngeferlich bei zwelhundert vnd zween annsehenlich namhafftig Haubtleut erslagn/ der vnnsern nicht vber drei vmbkhomen. Vnnd wo sy ain viertl stünde Ze hinaus gefalln wärn/ den Ibrarm Wascha des Kaisers Obristn Haubtman/ der dannzůmal der Stat gelegenhait selb besichtige/ ergriffen hetten/ vnd wo diser auffall dermassen geratten/ das derselb/ der all des Türkhischen Kaisers hanndlung rebt "pflegt" vnnd in seiner gewaltsam hat/ vnd das maist an jme gelegn/ zůhanden gebracht wäre worde menigkhlich zůbedenkhn das sich solcher krieg mit pesstem nütz volenndet hette.

Vnnd dieweil dem Türkhn/ der dañ nit annderst gemaint/ Es werde vor seiner grossen macht jederman aus der Stat weichn/ vñ dieselb also lär finden/ oder aber mit allerlay grausamen ertzaign schrekhn vñ bewegn die Stat vonstunban auftzůgebn: Aus welcher vermüetung vnd verächtlichkait Er dañ all sein groß geschütz mäier zůbrechn teuglich wie obgemelte hindn sein/ danibem auff den Schüffen vñ Galleen/ steen verlassen. Vnd aber gesehn das sich die in der Stat gewelligkhlich zůgegenweer setzet haben/ all sein Anufleg vñ Practikhn zů rugkh ganngen: hat Er sich vnderstannden die Statmawr mit puluer zersprenngen/ vñ die Stat mit allerlai fewerwerch/ sonnlich fewr pfailln/ der Er vasst vil hinein geschossen/ vnd sonst durch vil haimlich Practikhn/ wie man binach drey teutschen so die Stat an vil orten angezünde soln haben/ betretten/ vñ dess halbn viertailn hat lassen/ antzefewrn.

Vnd also die Mawr an vill Ortten zů vndergraben vnd zum tail wie man augescheinlich siecht zů vnnder Bekhn angefanngn/ Vnd wiewol die Herrn Kriegßcommissari vnnd Hawbtleut des grabens albegn besorgt/ sonderlich da Er die Stat nit beschiessen wolt/ noch kain gwelltig geschütz hörn lassen/ allain Valkhonen/ Slanngen/ Valkhanetl vnd dergleichn/ vnd das hanndtgeschütz/ damit Er tag vnd nacht zůschiessen kain feir/ Růe noch Rasst haben lassen/ sonnderlich mit dem hanndtgeschütz der gleichen schüessen kain Kriegsman on vnderlaß souil zeit nie gehört. So haben doch bemellt herrn Kriegßcommissari vnd Haubtleut/ nit kunnen wissen/ wo vnnd an welchm Ort die reinndt graben würden/ biß man im Statgrabn ain Türkhn gefanngen/ derselb hat die Ort vnd gelegenhait wo sy grabn/ angezaigt. auf welch sein anzaign/ die aus der Stat auch entgegen graben/ vnnd Erstlichen bey dem Berner thurn/ den zerspienngn sy sich hart vnderwunden/ entgegn khomen/ die Türkhn von dē grabn getribē/ jnen im loch etlich Chamern mit puluer zůschiettn angericht genom̄/ des der Türkhisch kaiser "Solimannus" nicht ain wenig erschrokhn/ vn das also erwert.

Es ist auch hinach auff solch angaign/ jmer zue/ an allen Ortten/ da man sich grabens versehen/ vn gehört tag vn nacht entgegen gegrabn wordē/ dermassen das Graber in der Stat/ vnd des Türkhn aneinander etwa aines halbn schnitts weitt kumen/ vn̄ die Turkhn an der ennden mit dem grabn zůfarn gedrungē wordē.

[Den xxviij. Septembris sind drey fenlin knecht zum Purgk thor mit etlichen reütern hienauß] [gefallen/ daselbst ob drey hundert türcken/ vnd den öbersten hauptman der Janitschar erlegt/ seyn] [auch denselben tag sieben Hussern am schermigel in der Schottenaw durch die reüter erstochen worden/] [auff vnser seyten vnter den Langknechten nit mer dañ sieben mañ vmbkummen.]

[Den xxix. Septembris hat der Vigtumb/ als Kü. Ma. öberster profandmeyster/ eynem yeglichen] [hauptman auff seyn fenlin/ eyner yeglichen rott eynen lebendigen Ochsen vn̄ saltz ein notturfft/] [darzů gegeben/ dañ kein mangel an profand was/ dieweyl sie zůuor mit weyn vnd brot wol versehen waren.]

[Es seyn auch diesen tag etlich knecht zum Schotten thor hynauß gefallen/ vnd etlich türcken] [erlegt.]

[Item auff den xxx. Septembris hat der türck bei den schlagpiucken der Landßknechte wach] [auffgehebt/ etlich darauff erstochen/ die andern bereyn getriben.]

[Auch must auff diesen tag in der stat ein yeglicher veldschreyber seyn quartier inuentirn/ was] [in seynen heusern für weyn/ korn/ meel/ fleysch/ saltz vnd schmaltz verhanden were/ das man den] [knechten zů notturfft aufstheylt/ fürnemlich den weyn.]

[Auff den ersten Octobris sind. 300. Langknecht für das Schotten thor hinauß gefallen/ mit] [den türcken geschermigelt/ aber auß grösse vñ menig der feynd/ ist zů beyden seyten wenig auß-] [gericht worden.]

[Auch hat man auff disen tag angefangen/ eyner yeden rott acht brot zů geben/ vnd xv.] [Scheerin weyns/ als aber die knecht vor völle nit wacketen/ von wegen des starcken weyns/ des sie] [nit gewonet herten/ "waren." derhalben nichts mit jnen aufgericht war/ ist die ordnung nur drey] [tage gehalten/ vnd darnach der wern geringer worden.]

[Den andern Octobris ist gewesen ein lerman vmb zwo vr nach mittag/ waren ein vrsach] [etlich knecht/ so einglich zum Schotten thor hinauß gefallen/ ist im selben das geschütz bey den Augu-] [stinern abgelassen worden/ vnd hat vnter den feynden ein grossen schaden gethon.]

[Am iij. Octobris ist ein kleyner schermigel vō den vnsern mit den türcken geschehen/ in welchem die] [knecht die türcken auß dem Frawēhauß geiagt/ vnd vil türcken erschlagen/ also das sie die hend vol] [den knechtē auffgehaben haben/ Darnach hat der türck das Berner thor vnd das schlachpiıcklin daruor] [angezünt/ vnd nachuolgents die gantzen nacht hefftig zů schiessen angefangen/ derhalben die knecht] [in der ordnung gestandē/ vnd nit anderst vermeynt/ er würd dañ ein sturm anlauffen.]

[Den iij. Octobris haben die türcken zwey fenlin durch ein schiesflucken der ftarmawer bieneyn/]
[geflecke/ darauff etliche fenlin knecht hienauß gefallen/ die aber der türckischen handschützen vñ]
[Janitschar halbē/ so sich seer verpolwerckt hetten/ nichts sonders außrichten mögen. Es ist auch auff]
[den tag von feynden ein alt polwerck angezündt vñ so hefftig geschossen worden/ das der auff dem]
[Berner thurm müst auffhören zů schiessen/ bis jm ein auffenthalt von holtz gemacht ward. Es het]
[auch herr Eck von Reyschach die knecht ermanet/ mit erzehlung des feyndts macht/ anlauff vñ]
[geschrey/ auch mit was macht vñ anschleg man jm begegnen wurd/ auff das die jungen knecht ein]
[tapffer manlich hertz gewünnen.]

[Auch zugen sie eine fraw vom türcken gefangen in die Stat vber die maur ein/ die des]
[seynds graufame that anzeygt/ wie fie jren man mit saibeln zerhawen/ vnd drey kinder erwürgt/]
[auch mit eyner jungen Tochter so graufam gehandelt/ das von menigklich zů erbarmen ist.]

[Auff den tag hat man angefangen in der stat die profand zů ringern vnd eyner yeden rott]
[geben sechs brot/ welcher eyns zwey pfund gewegt vnd zehen kreterin weyns/ ist also bise ordnung]
[blyben bis zum endt/ hat die knecht bey gůter vernunfft behalten.]

[An dem v. Octobris nach dem vil hermlich lerman auß der feynde hefftigem graben erstun-]
[den/ vnd doch nichts außgericht wurd/ samler Pfalggraff Philip zů nachts vmb sechs vr alle haupt-]
[leut zůsamen/ müsten spilen/ *lossen/* welche auff den sechsten Octobris hienauffallen solten/ für]
[nemlich auß eynem yeden Regiment vier fenlein.]

In der selbn zeit da die veinde so häfftig haben graben/ sein abermals die knecht bis in sibm
oder acht tausent starkt/ in mainung vil gůts außrichten/ fürnemblich die Türkhn von jren
schanntzen vñ graben zů treiben/ vñ sich also jres grabens vnd der löcher zůersehen/ zů dē Saltz thurn
hinaus gefallñ/ etlich vil Türkhen in der vorstat vor dem Purgkthor vñ auf Berner vorstat/ erwürgt/
aber aus geschray aines knechts der geschrirn/ das die knecht hindersich ain gwelltige Ordnung zůmachn
waichen sollē befcheche/ das daraus ain wenndung widerumb in die Statt ist worden/ an dem felben
auffallnder Wolff Hagn Haubtman vber ain vendl knecht/ vnd mit jme etlich Topel Söldner/
knecht vnd Hispanier vmbkomen sein.

[Adi den vj. Octobris sind bis in die xvj. fenlin knecht zů Saltz thurn in die vorstadt/ in mey-]
[nung vil gůts auß zůrichten/ hienauß gefallen/ fürnemlich die türcken von jren schangen vñ gräben]
[zů treiben/ vñ auß der vorstadt zů stecken/ vnd sich nachmals jres grabens vñ löcher zůersehen/ vnd]
[als sie verzogen bis an hellen tag/ vñ tapffer die feynd angriffen haben/ ist auß dem geschrey]
[seines Behems/ welcher der türcken grossen vortayl ersehen/ ein flucht gemacht worden/ sind vil knecht]
[am wider keren in stat graben gedrungen/ vñ aldo hart beschedige bliben/ ist also in dem grossen]
[schermizgel Eck von Reyschach durch das forder teyl seyns harnischs vñ panzers/ doch on befchedi-]
[gung seyns leybs/ vnd Sternpeyo gar zů tod geschossen worden/ vnd Wolff hagen hauptman auß]
[dem alten hauffen ist der sant Merten in der kirchen mit sampe etlichen knechten vnd dopelföld-]
[nern erwürgt vnd elendigklich enthaupt worden. Es ist auch glaublich angezeygt/ das die feynde]
[haben Achtzehen tausent pferd verordnet gehabt/ das Salzthor ab zůretten/ vnd die knecht heraussen]
[zů behalten/ das aber durch Gottes verhengnus vnterlaffen/ Sind aber gleichwol die feynd auff den]
[tag so nabendt kummen/ da sie die knecht mit hellenparten vnd andern weren von der mauren]
[haben abtreyben müssen.]

[Adi. vij. Octobris haben die türcken sich zum sturm geschickt vnd ein lerman gemacht/ sind]
[die vnsern bis in die fünfften stund in der schlachtordnung gestanden/ aber die feynd haben nit]
[wöllen angreyffen/ Darnach vmb die. ix. stunde haben sich die Türckischen Klaffern in eyner schlach]
[ordnung auff das Schotten thor gewent/ aber auch nichts wöllen angreyffen/ haben aber gleich wol]
[die vnsern damit zů harter wach gedrungen/ nemlich das ein fenleyn. xxiiij. stund an einander wachen]
[müst/ sole anderst die maur bewacht seyn. Es haben auch die feynde zwo pastey bey hellem tag auff der]

[mauren auffprengt/ vñ die mauren bey sant Clara kloster an zweyen orten zersprengt/ vnd damit] [grosse lerman gemacht.]

[Den viij. Octobris ist abermal geschermuetzelt/ vñ nach dem lerma hat sich Pfaltzgraff Philip] [erporen/ leyb vñ leben bey den knechten zů lassen/ vñ sie auch/ das sie sich solchs zů jm versehen solten/] lermant Auch daneben angezeygt Cüntzen Goßmans vñ Jacoben von Wernaw fleyß zů jn in die stadt] [zů kumen/ welchs doch vor sterck des feyndts nit hab mögen geschehen.]

Nach gemelltem Auffall/ habe die Türkhn die statmawr/ nebn dem Berner thor/ gegen sand Clara Closter vber/ den newnden tag Octob. vmb zwo vr nach mittentag an zwaien orten/ etlich klaffter weitt zersprenngt vñ als offt in zersprengung den Stürm gewelligklich antretten/ an welchem vil Türkhn/ aus den vnnsern gar wenig todt beliben. [Vnd ob er gleych an mer orten anzundt/ hett er doch] [nur das erdtrich vberfich gewoffen/ deñ sie hetten jm auß der stat entgegen graben/ vnd Acht] [bunnen puluers/ so er zů sprengen gelegt/ genomen/ seyn an dem sturm zů foderst gestanden/ Graff] [Niclas von Salm/ als oberster stathalter vnd Regente der Nider Osterreychischen lender/ herr Hans] [Bagianer/ vñ andere treffliche leut/ sampt vier Fenlin knecht/ so doselbst hin verordnet gewesen.] Die offen Ort vnd löcher der nidergewoffen mawr/ haben die vnnsern vonstundann souil müglich gewesst widerumben vermacht. Vñ als die herrn Briegßcommissari/ Haubtleut vnd gmain knecht/ vormaln Le die Mawr nider gewoffen worden/ tag vnd nacht bei den thorn gewacht/ also haben sy in zersprenn- gung der mawr vnd sonnderlich die herrn Briegßcommissari/ selbs noch strenger vnd vessier gemacht/ vñ das pesst vor nachtail/ vnuersehen Stürm vnd einfall/ gethan/ wie dann solchs die hochnotdürfft zůerhaltung leybs vñ lebens erfodert/ kainen ruet von bannen gewichn/ ain lerm vber den andern/ [deñ an disem tag sind am aller meisten knecht am sturm vmkummen vñ geschossen worden/] kain stundt Rue vor den veindten gehabt/ vñ in grosser sorge das die Stat nie durch haimlich verreterey oder feuerwerck angefewrt *angezündet* würde gestannden. [Deñ zwen kundtschaffter sind gefangen/] [vnd nach jrer bekentnus gehenckt worden/ die gelt vom türcken vns zů verraten empfangen hetten.]

[Am x. Octobris haben etlich türcken den sturm angeloffen an gantzer maur zů zweyen malen/] [Aber gar nichts ausrichten mögen/ sonder von stunban widerumb gefloben. Es sind auch zwischen] [drey vnd vier vr nach mittag/ bey. xl. knechte mit etlich Hyspaniern hynauß gefallen/ den türcken] [v. Camel abgeiagt/ vnd haben die in der Stat den türcken etlich bunnen puluer an der stat maur] [genomen/ vnd nachmals angefangen die maur zů vnterstützen/ vñ haben die pluftwer mit holtz vnd] [erdtrich verschüt/ ein graben bey der maur vber gemacht/ domit der türck/ ob er schon vber die maur] [kumen/ noch hee müssen vber ein graben springen/ wo er anderst in die stat gewölt het. Auff diesen] tag ist ein Nürmberger mit namen Lorentz Frey/ von eynem Wiener burger erstochen worden/ ist] [dieser nachmals auch darumb gericht.]

[Am xj. Octobris zwischen drey vnd vier vr vor mittag ist abermal ein blinder lermen gewest/] [Aber nichts namhafftigs außgericht/ deñ das vom grossen hal vnsers geschütz das dach vom Berner] [thurn geuallen vñ ein jungen Altenhauser/ eine vom Adel mit sampt sechs Lantzknechte vnd spaniern] [erschlagen/ bald darnach ist ein loch in die maur mit puluer gesprenge worden/ vngeuerlich xvj. klaffter] [weyt vor Berner thurn Vnd darnach ein geweltiger sturm vom Berner thor/ bis zů sant Lorengen] [geschehen/ also bj man die Fenlin in quartiern bar stercken müssen/ seyn bis in. 1000. türcken bozůmal] [erlegt/ auff vnser seyten xxx. knecht vñ etlich durch puluer vnd schiessen hart beschedige worden. Es] [sind auch bazůmal mit dem sprengen vier knecht mit der maur in die höh gefloge/ in statgraben] [geuallen/ vñ vier spanier in ein hauß/ vnschadhaftt wider in die stat durch die lucken geloffen/ alleyn] [der vierdt/ als er sich vmbgewent/ vñ mit steynen zů den feinden geworffen/ der ist erschossen worden.]

Nit lanng darnach haben die veindte den xij tag Octobris vor mitten tag mer ain grossen tail der Stat mawr nebn dem Berner thor auff der andern seiten/ gegen Stubm thor hinab/ mit vnder- werffung des puluers/ nidergeworffen/ Auch danzůmall die mawer/ wie die in der Stat den Rauch an vill Orten gesehen/ mit puluer vndergeschirt vñ zůfellen zuegericht/ in hoffnung die mawr wurde noch an mer ennden/ sonnderlich die sy vnderbekht habe/ villeicht miteinannd fallen/ aber das puluer auffschikhung des Almechtign nie allennthalbñ angeen vñ jnen geraten wellen: Vñ da wie obsteet die mawr nidergefallen sein die knecht vnd Hispanier vonstundan an dé loch mit aufgerekhtem venndlen vñ werhäffter hanndt Ritterlich vñ kuenlich gestannden/ Aber die Türkhn mit dem Stürmen kain lanngn stanndt thuen/ noch mit kainer grossen macht desfmals Stürmen wellen: Die Obristn Türkhen/ vñ Wascha haben auch das volkh zů bé Stürm/ wie durch die in der Stat/ so dargue auff den Thurnen verordnenne worden/ gesehen/ aussen jm velde vñ jn Weingarten mit Prugeln vnd Sabeln/ gwelttigkhlich getriben/ aber je kainer daran wellen.

Er der Türkh hat auch műeler weil nach zersprengung der Mawr mit ainem sonder grossen stükh auf den Berner thurn mit stain kůgeln treffennlich guet ding geschossen/ die jnnen werkhgeschossen vnnd die weer genomen/ also das die Püchssenmaister nymer darauff schűessen mügen/ des dennen in der Stat die sonnst wenig Ort mit grossen stükhn hinaus zúschiessen gehabt/ nicht ain clainer nachtail gewesen. Aber nichts destminder bei nächtlicher weill widerumben von holzwerch hinauff gemacht/ damit man widerumbu darauff schűessen vñ das pesst/ so zů widstande geraicht/ thůn mügen. Es sein auch auff demselben Berner Thurn mit hanndtröhrn von den Türkhn je vil vñ fürnemblich Püchssenmaister/ erschossen worden.

[Am xxij. Octobris sind dem türcken abermal vj. dunnen puluers am gegengrabé genomen worden/] [damit er den Berner thurn hat sprengen wöllen.]

Mitlerweil hat sich der Türkh mit seinem volkh alle tag/ bis Er abgezogn zum anlauffn gestellet/ vnnd die in der Stat bei tag vñ nacht stundlich aines grossen gwelttign Stürms/ den Er/ wie die gefangn Türkhen vñ kundtschafftn angezaigt/ zu allen Orrn der Stat mit allem seinem Fuesvolkh/ den Nassarn vnd halbé tail seiner geraisign/ d Er aller kůbeschafr nach in die annderthalb hundt tausent gehabt/ thůn wellé/ gewart haben/ Vnd sonndlich da Er von den zwelfften biss auf den viertzehenden Octobris still gehallten/ vñ nit so häfftig tag vñ nacht on vnőlas wieuol geschossen/ gemaint Er habe sein sach zů sölchem Stürm numals gar angericht/ vñ jederman wieuol gemelt/ in d Stat der enntlich zůuersicht/ der Türkh würde vor seinen Abzug/ wo jm schon sonnst all sein Anslegy wie dann zum tail beschehn ist/ müssirtten/ ainen gwelltign grossen Stürm gerings vmb die Stat/ an alle orten/ antretten/ vñ sein hail mit grossen Ernnst versuechen.

Vnd da Er sölchn gwaltign Stürm so lang vnderlassen/ auch mit den bieuorangezaigten stürmen vnnd mawrwerffen nichts ausgericht/ zum höchste besorge/ vnd vil daruon gemurmelt worde/ Sy die veinde werden etwa durch die gänng/ so Sy eingrabn/ der man vil siecht/ gar in die Stat durch die keller komen/ oder die bläz darauf das kriegsvolkh gestandn/ zersprengen/ desshalbn man tag vñ nacht in der Ordnung gestaunden/ vñ bei guetter huet vñ warnung gewesst.

Am dem xxiiij tag Octobris/ haben die veinde widumben mit dem grossen vñ klainen hanndtgeschütz bero Ror vast schon vñ lanng gewesen vnd gross kůgl/ als die halb backhn/ vñ ober die mass gewis/ geschoss wy Sy die ganss belegerung tag vñ nacht vngesirt gehan/ in die Stat zůschiessen angefangen. [vnd vngeueerlich zwischen vj. vñ vij. vormittag ein lerma gemacht/ in welchem die türck seyn volck auff] [d[er hauffen zůsamen gepracht/ zum sturm treyben wöllen/ aber nichts künden aufrichten. Darnach vmb] [xij. vr ist aber ain lerma geschlagen/ vñ im selben ein gross ort von der mauer/ bey dem Berner thor neben] [der andern lucken mit puluer zersprengt/ haben die feynde doselbst heffig berern gestürmet/ aber bald] [nachgelassen/ seind bis in die. 350. türcken erleget/ auff vnser seyten nicht mer deñ ein Hispanier erschossen/] [vñ etlich knecht beschedigte worden.]

[In summa/ die starmauer ist an vier orten treffenlich werr zersprengt/ also das alleyn die vier ort/] [abgemessen halten in die lenge. 44. klaffter/ seyn auch dem türcken den tag. xv/ dunnen puluers vnter] [der Burgk genomen worde/ mit welchem er die Burgk hat sprengen wöllen.] Vnnd dieselb nach vngeferlich vmb die neunde stunde [ix. vr.] vor mitternacht das leger in den roissern vñ am veld miteinander angegunde/ vñ also in der nacht/ wie die enntrunnen Cristen anzaign mit grossem geschrai/ züvermüetten solch geschrai seie der Ellenden gefañgn Cristen die von dennen aus der Stat vn sonnst: all augenplickh jr erledigung verhofft/ die man zum teil da niedgehawn/ wie dañ auff dise stunde in dem leger allenthalben/ kinder/ jungfrawen/ Mann vñ weib ellendigklich nidergehawē lign findt/ vñ die andern in ewige gefanngkhnus gefūrt werden/ gewesen/ auffbrochn vñ mit allem seinem volckh abgezogen.

[Am xv. tag dis monats sind drey teuesch in vnser schilrwach kumen/ haben fürgeben/ sie seind vom] [türcken gefangen worden/ man hat sie hinein gelassen vnd gefenglich angenommen/ peynlich gefragt/] [haben sie bekent/ wie sie zum türcken seyn gefallen/ vnd der türck jnen ein suma Asper geben/ das sie] [die stat an fünff orten anzünden sollen/ vnd weñ das fewr angehe/ sollen sie wider hinaus fallen vnd] [anzeygen/ wo die gelegenheit vnser besten gegenweer/ als polwerck/ geschütz vnd anders sey/ wolt er die] [stat doselbst/ dieweyl man mit dem fewer vmbgieng/ mit einem grossen volck/ das er am Wiener berg] [ligen het lassen/ die auff die verreter vn das auffgeend fewr gewart haben/ vberfallen vnd also züerobern/] [wie dise böswicht in die stat kumen/ haben sie sich prechlich gehalten mit zerung vnd alleweg türckische] [müntz/ als Asper ausgeben/ also ist eyn argwon auff sie gefallen.]

[Am xvj. tag Octobris hat man dise drey böswicht geuierteylt/ vñ die vierteil vber die statmaur] [auß gehenckt/ ist eyner gewest von Pressburg der ander auß Berndten/ der dritt auß der stat Wien] [geporn.]

[Als nu der Türck war abzogen/ hat man in der stat angefangen alle glocken zuleüten/ vñ in der] [nacht alles geschütz abgeschossen/ auch auff sant Stephans thurn mit Schalmeyen vnd flöthen zü eynem] [triumph vnd freud gehofiert. Vnd als der Türck solch gewaltig schiessen in der stat gehört/ hat er Cri-] [stoffel Zerlin/ des Graffen von Harbeck Fendrich so er gefangen gehabt gefragt/ was solches schiessen] [bedeut/ hat er jm geantwort/ Solchs sey der geprauch bey jn/ so sie trost/ hilff/ oder vberwindung jrer] [feynd erlangen/ zü thün/ das der gemeyn man freud darburch empfahe. Auff solchs hat der Türck] [gemelten Fendrich mit seyde vnd gulden stuck bekleydet/ ledig hereyn geschickt.]

[An dem xvij. tag Octobris ist Ragianer mit etlichen vnsern Hussern hynauß gefallen/ hat] [viij. Türcken gefangen/ zwey Camel vnd etliche türckische Roß den feynden abgeiagt/ auch etlich Kra-] [beten mañ/ weib vnd kind erlediget.]

[Den. xviij. Octobris ist Cünig Gogman vnd Jacob von Wernaw in die stat kumen/ sich auff das] [höchst beklagt/ das sie der eerlichen Ritterlichen that nicht solten theylhafftig seyn. Auch hat den tag] [der Ragianer wieder etlich paurs volck von feynden erlediget/ v. türcken gefangen/ vj. erschossen/ vnd] [vj. Camel in die stat gepracht.]

[Den xix. Octobris haben die Langkknecht ein gros Camel in die statt pracht/ seyn auch vnsere] [Hussern hynauß gefallen/ vnd ein meyl wegs von der stat in eynem dorff genant Lach/ auff. 200. türcken] [erstochen eynen grossen Herren mit eynem köstlichen pund auff seynem ergen ros lebendig in die stat] [gefürt/ vil kinder von den feynden erlöst/ wiewol sie vnd jre ross auch seer verwundt/ aber doch den sig] [erlangt haben/ Gott sey lobe. Auff diesen tag sind auch alle doppel söldner vnd beuelchsleut von den] [Obersten in das Prediger kloster gefordert/ jnen fürgehaltē/ jr vnschuldig abwesen nicht züuerargen/] [schulten sie all Ritter vnd Rittermessige leut.]

[Auff den xx. Octobris hat Pfalzgraff Philips seyn ampt/ welches er eerlich vnd Ritterlich ver-] [wesen hat/ heymgestelt Pfalzgraffen Friedericken als oberstem Veldhauptman vom heyligen Reych] [verordnet/ deñ er erst auff den tag in die stat kummen/ vnd die wach zum teyl geringert hat.]

[Auff den xxij. tag Octobris/ hat Jacob von Wernaw den knechten eynen sold zü geben fürge-] [halten/ aber die knecht haben solchs in keynen weg thün wöllen.]

[Auff den xxiij. Octobris hat man bey sant Claren mit den xiiij. fenlein knechten vom Reych] [gemeyn gehalten/ ist Cünig Gogman vnd Jacob von Wernaw in Ring kumen/ von welchen die knecht] [durch jren auffschuß begert verdienten sold/ vñ vier sturm sold/ vñ eynen auff die hand vnd alle vittalia] [geschenckt/ vnd als die Haupteleut jnen nur ein sold zůgeben fürgehalten/ haben die knecht die Haupt-] [leut zwischen sie gefaßt/ auß dem ring nit lassen wöllen/ vnd ein solch vngeschickt geschrey vnd schelten] [angehebt/ dauon nit zůsagen ist/ liessen auch zum dickern mal die spies auff Cůntz Gogman darnider jn] [zů erstechen/ hat er begert vñ gebeten/ das sie jn wolten gefangen nemen/ Als biß lange geweret/ habē] [zů letzt etlich dopel söldner mit gewalt auß dem hauffen gedrungen/ vñ den Hauptleuten zů entretten] [raum gemacht/ haben nachmahls die knechte kernem obersten vnter sie zů kumen gelayt geben wöllen/] [Sonder bey jnen fürgenumen/ die Burger zů vberfallen/ vnd die ganzen stadt zů plündern/ ist also die] [sache ganz geferlich gestanden.]

[Den xxiiij. Octobris sind zwey fenlin knechte gemustert/ vnd die gen Pruck vnd Preßburck] [geschickt.]

[Den xxv. Octobris ist nichts sonderlichs gehandelt/ denn das man iij. fenlin knechte/ so von] [Schwatz vnd auß dem Jntal kumen waren/ gen Preßburg geschickt hat.]

[Auff den xxvi. tag Octobris ist aber ein gemeyn gehalten worden/ sind die knecht abermal in] [jrem fürnemen gang herre/ der sturm sold halben bliben/ vnd an dem tag entlich zwischen x. vnd xl.] [darauff gestanden/ das sie die stat plündern wolten/ doch ist jnen der weg fürgeschlagen worden/ das] [man jnen drey sturm sold zůgeben versprochen/ auch die profand vñ lifferung so sie in der stat verzert] [geschenckt hat/ welchen bescheyde das kriegsvolck angenommen/ Doch ist die sag doneben/ das der meyst] [teyl Fendrich/ doppel söldner vnd die vom Adel/ so krieg gepraucht haben/ drey sturm sold nit empfahen/] [sonder wider erlegen wöllen/ dañ sie vermeynt des sturms soldes zůuil seyn/ wöllen sich an eynem benügen] [lassen/ vñ achten höher die redlichen that die sie wider den feind der Christenheyt gethon/ deñ das gelt/] [Aber das gemeyn pöfel her man in ander weg nie mögen stillen.]

Also sein die Eerlichen/ Ritterlichen/ Tewrn leut/ die auch vmb solch jr löblich Ritterlich tatten/ darduch auff dißmall die Cristennhait erhalten worden/ jr leben lanng in sonndern Eeren vñ wierdn/ jubilirt/ sein/ von diser belegerung vñ geferlicher not/ aus gnade des Almechtign/ dē billich alle Cristen menschn vñ zůuordrist Teutsche lannde, grossen danckh vñ lob sagē sollen/ erledigt worde: Dañ wo Er ð Türkh dise Statt Wienn dermassen her erobert/ vñ das Ritterlich kriegsuolkh erleget/ auch das treffenlich geschütz darjnne verlorn wäre worden/ hat menigkhlich bei jme leüchtlich zůbedenkhn/ welchermassen dē Türkhn all sein anstēg in würckung gangn/ vñ noch diesen Herbst zum wenigistn auff die obern Teutsche lande on widerstande raichn mügen/ Vñ mit dē Cristenlichen menschn ellendigklich gehandlt/ alles verbrient vñ verderbt/ vñ daraus komē/ das Er volgendes die ganze Cristēhait in ewigs verderbn vñ vnderdrückhung gebracht hette: vñ solchs alles dieweil jederman in grossen forchten/ erschröckhn vnd flüchten gewesen/ an allen widstande vñ geuerlichkait thun mögen.

Vnd wo Er gleich dißmals zů Ofen oder Wienn nit gewinneret/ so hett Er doch Wienn dermassen beuesstigt/ das Er zů sambt dē grossem trefflichen geschütz/ so darjnnen gewest/ gar ain Porten vñ Schlüssel zů Teütschn landen gemacht/ vnd auf den Fruelinng mit sölchem gwalte gar in die ober Teutsche lande gerührt hette/ dan guer wissen bz sein maynung/ wie obstet/ gewesst/ vñ des gemütes aus ð Türkhey gezogn/ wo Er die stat Wienn oder die Slacke darauf Er all sein glükh vñ vnglükh gesetzt hat/ vñ die anzunemē gantz begirig gewest/ erobert/ das Er drey gantze jar aussenbeleibn vñ nicht haim kömen biß Er sein gwalte vnnd mechtigkait in Teutschn lanndē genuegsam erzaigt vñ erscheinen lasse wie Er dañ jetzt zů Osterreich/ des mit dem höchsstn zuerparmen lannder erzaigt hat/ Das lannde vnder der Enns etlich meil hinauff/ vnnd ferer hinein gar in die Steirmach/ ausgenomē etlich Stet vñ Slösser/ in grunde verprennē verhörn vñ verwüstn alle wäld vñ perg darauf die armen leut mit jren guet vñ kindn geflochen/ durchslauffen das arm volkh durchsuechn/ weggkhfuert vñ niderhawn lassen/ Vñ was vnmēschlicher grausamkhait Sy die Türkhen sonnst mit dē Cristenlichen volkh gebraucht ist nit müglich zůschreiben/ Wie man dañ allenthalbn in den Wäldern/ pergn/ *Bergen*/ vñ auf den Strassen/ auch im gang Leger/ erschlagn leutt/

die kind von einander gehawn oder auf den Spissen stekhendt/ den Swangern weibern die frücht aus dem leib geschniten vn nebn den müttern des erbarmkhlich zúsehen ist vor augen ligen siecht vn funden werdé.

Dénach ir frumen Cristen alle hohes vn nidstandts/ nemet solche straf vn verhengnus gottes zuhertzen vn ainem Ebenpilde/ bietunde sein göeliche Ma. vmb abwendung seines zorns/ vergebung d sundt/ vmb gnad vn erleüchtüg vnserer hertzen/ damit wir ains in vnserm glawbn werden/ vn in der lieb des nagstn brüederlich vn eintrechtigkhlich wanndeln/ vnd das Er vns gnad verleihe dem Tyrannischen Erbveindt vnsers heilign glawbens eintrechtigkhlich mit tatlicher hanndt/ ainer de ander treulich helffendt zúbegegnen/ vnd zú widersteen. Wo wir aber des nit thún/ vnd dise erste ietz von Got verhengte straff vn ermanung an den Österreichischn landen begangn/ vns nit zúhertzn geen lassen/ vnd wie bisher selbs in der zwitrachtigkait vn vnainigkhait/ des bei vns Cristen zúerparmen/ beleiben wellen zúbesorgen/ das Er d Türkh/ der nun ainest das Teutsch lanndt angegriffen/ werde nit feiern/ so lang bis Er als ain grümiger Leb vnd hungriger Wolf des Cristenlichen bluets/ ain landt nach dé andern/ wie Er dann der gestallt vil Künigreich vn lanndt vnder sich gebracht/ verschlichte vnd vertilge habe.

Vnd wie nun solcher Abzúg in d nacht beschehn/ haben voigedachter Ibraym Wascha vnd ander Haubeleut mit im/ am Freitag des morgens frue/ in dé leger vnd veld/ im nachzúg den gantzen tag vngeuerlich bei fünfzigth od sechzigth tausent zú Ross in der Ordnúg/ wie dan kriegsbrauch den abzúg zúerhalten/ gehallten/ aber nichts gehanndlt.

Vnd nachdé die Herrn Kriegsscommissari vorhin von ainé gefangnem Turkhn verstanden/ wie der Ibraym Wascha willens wäre/ die gefangn Turkhn mit vnsern gefangn Cristen gege einander zúledige: haben genant herrn kriegscommissari ainen potn hinaus zú dé Ibraym Wascha mit einé schreibe abgefertige/ vn ime anzaign lassen/ das sy dé kriegsgebrauch nach/ auch der maynúg wärn die gefangn zúerledigen/ darauf Er der Ibraym Wascha/ den herrn kriegsscommissarien vngeferlich die nachuolgende mainung zúgeschuben/ vn auff sein brief inwendig sein handtzaigen hieneben betzaichent gestellt.

Ibraym Wascha von gots gnaden/ höchster veruischer Secretari/ Obrister Rat des durchleuchtigen vn vnúberwindlichstn Kaisers Sultan Selleyman/ Haubeman vnnd gubernator des gantzn seines Kaiserthumbs vn aller seiner sachn/ ir Wolgeborn/ grosmechtign Obristn vn haubeleut. Als vns Ewr schreibn durch Ewrn Boten zuekhomé/ haben wir alle sachn verstanden. Vnd wisst/ das wir nit komen sein Ewr Stet eingenemé/ sond zúsuechn Ewrn Ertzhertzogn Ferdinandum/ aber denselben nit gefunden/ darumb sein wir souil tag da beliben vn auf in gewart/ aber Er ist nit komen/ vnd als gestern haben wir drei ewrer leut gefangn/ ledig gelassen/ dergleichen weiter ir mit den vnsern gefangn auch handeln/ wie wir dan ewrm Potn solchs euch múndlich anzúzaign beuolchn haben. So mügt ir desshalb ainen von euch heraus zú vns sich der gefangn zuerkhundigen algeit schikhn/ vnnd ir in solchm fall kain sorg od forcht vnsers trawen vn glawbens halbn tragen/ dan das dennen zú Ofen von vns nit glawbn gehallten worden/ ist nit vnnser/ sond ir aign schuld gewesen. Geben vor Wienn in mitten Octobris/ Anno M. D. xxiiij. Auch dem potten [mit eynem Rotten Damaschken] [rock begabt/ vnd] múndlich anzúzaign beuolchn/ das die herrn als auffrichtig kriegsleue in dem fall dem kriegsgebrauch nach zúhandeln also bedacht sein wellen/ dan darzue komen das sy nun hinfúro miteinander vil zú handeln werdé haben/ vn den Poten mit ainem Rotten damaschken roth begabt/ auch desselben tags den Cristoffen Zettlitz Graf Hannsens von Hardekh venndrich mit seiden vn gulden stúkhn beklaide/ ledig herein geschikht/ mit beuelch den herrn Kriegsscommissarien dergleichn maynúg auch an zúgaign.

Den andern tag darnach ist Er mit ernenneter angall pherdt von dannen dé kaiser auch nachgerückht/ vnnd wie die kundschafften vn die entrunné Cristen sage/ dj die turkhen vasst eilnnde nit zogen/ sond mer geflochn sein/ vnnd in fünff tagn hinab gen Ofen xxxij gros meil wegs vnnder Wien ankhomé sein/ dennen vnglaublich vil Ross auffsolcher fluche vmbgefallen/ auch vil leut von

Türkhn selbs vn̄ von Cristen die nit nachuolgn mügen/ auff der strassen/ wie man augenscheinlich sicht/ todt lign beliben.

Es sagen auch die Türkhn die man vor vnnd hinach der flücht gefangn/ das der Türkhisch Kaiser in diser belegerung an seinem volckh vor diser Stat/ des merkhlichen hungers halbn so Sy diser zeit erlitten/ vnd die aus der stat von vnserm geschüg/ vnd vnserm außfalln/ den Stürm/ vn̄ sonst allenthalben im lande an dem straiffn vmbkhom̄/ vn̄ auch an Rossn vnd Chamelthiern/ die vmbgefallen sein/ grossen merkhlichn schaden emphangen habe. Vnd auch enntlich kundtschafftn/ vn̄ die gefangen Türkhn selbs angaign/ das jme sein treffenlicher Wascha aus Natalia/ von dem Berner thurn mit dem grossen geschüg/ als Sy am Abziehn gewesen/ erschossen sei worden.

[Den ersten Nouembris hat man vmbgeschlagen mit dreyen trumeln Alle knecht so vnterm] [Reich bezalt vnd jnen ernstlich geporten/ sich bey Sonnenscheyn auf der stat zu machen/ den wo] [man einen darüber begreiff/ wöl man jn gut preyß machen.]

[Also ist des Reychs volck geurlaubt/ bezalt vnd wider heym zogen. Auch wie der türck vor] [Wien abzogen/ ist er mit den namhafftigsten vn̄ sein besten Räten auff Kriechisch weyssenburg vn̄] [der Türcken zu gezogen/ vnd hat sich sein kriegsuolck in die sechzig tausent starck zu Ofen gelegert/] [was fürnem̄s er weyter ist/ sol man bey kurzem wol weyß werden/ wie dan̄ leyder reg die Oster-] [reychischen lender auch erfarn haben. Dan̄ der feynd der Christenheyt gehet so mit wunderbarlicher] [practick vmb/ das nit gnüg dauon zu sagen ist/ hat zwen teutsch fleyschhacker die nahent bey] [Wien gesessen/ an sich gehenckt/ die in steg vn̄ weg/ auch alle gelegenheyt geweyst/ vn̄ in allen] [grausamen thaten selbs auch hend angelegt/ der ein böswicht ist zu letzt gefangen vnd zu Krembs] [gespytzt worde/ den andern hat man noch nit/ derselb sol dem türcken vil Christlicher frawen zupracht] [haben. Es ist auch gewisse kundschafft kumē bo die türcken im Spital zu Wien von vnsern knech-] [ten vberfallen vnd zwen treffenlich haupteut des türcken erlegt vn̄ erwürgt haben/ dz man den] [sein hauptman für den Keyser "Sultan" getragen/ vn̄ wie jn der Keyser "Sultan" gesehe/ ist er] [ergrimpet vn̄ hat auff die erden gespürgelt/ mit seynem füß ein creug gemacht/ vnd mit außge-] [spanten armen auff das erdtrich gefallen/ geheulet wie ein Ochs/ zum zeychen solchs nit vngerochen] [zulassen/ dan̄ er disen hauptman rast geliebt/ etlich sagen auch das er auff den Weyda seer] [gezürnet hab.]

[Desigleychen sind auch sunst vil antergung zu zorn vnd neyd zu beyder seyten geschehen/ den̄] [als der Türck sich erstlich für Wien gelegert/ hat er in die stat entpoten/ man sol jm die auffgeben.] [Darauff die obersten Haupleut gang hönisch geantwort/ Sie haben nicht gewalt ein solche stat zu-] [uergeben/ Opffel vn̄ biren hab man macht zuuerschencken/ aber keyn solche stat/ Darauff in der] [türck entpoten/ er wöl an sant Michels tag das mal mit jnen essen/ sie sollen sich darauff wol] [rüsten vn̄ versehē/ ist jm bald nach Michaelis hienauß entpoten worden/ man hab sein mit dem] [essen lang gewart/ aber er sey nit kumen/ vnd hab also das essen so auff jn gekocht verderben] [müssen.]

[Item die oberste Haupleut/ als Pfalzgraff Philip/ Herr Wilhalm von Rogendorff/ Graff] [Niclas von Salm/ Eck von Reyschach/ haben in der stat beym Berner thor/ do die stat am hefft-] [igsten belegert vnd beschossen ist worden/ ein gwaltig polwerck machen lassen/ darauff sie zusamen] [komen/ gegen dem türcken mit Heerpaucken vn̄ trumeten freud gehalten/ wie das der türck gemerckt] [hat er vnter der erden gegen demselbigen ort graben vnter das polwerck/ vn̄ ist vnter den tisch] [daran die herrn gesessen kumen/ vnd ein grossen kessel puluers darunter gesetzt/ dasselbig mit den] [herrn wöllen sprengen/ Aber auß der genad Gottes seyn graben gewent vn̄ gespürt worden/ das] [puluer genumen/ vnd jn all sein fürnemen hinter sich gangen/ dem Herren sey lob vnd eer.]

[Item als der türck schon abgezogen hat er in die stat entpoten/ man sol jm zwey mal hundert] [tausent gulden geben/ so wöl er abziehen/ ist jm geantwort/ man hab den schlüssel zum gelt verloren.]

[Mit solchen vñ andern dergleychen hönworten haben vnsere haupleut jr manlich gemüt]
[gegen dem feynd erzeygt/ vñ jn damit hefftiger erzürnet/ wie menigklich wol ermessen kan/ wiewol]
[seyn zorn vns nichts in der stat geschadet/ Got sey gedanckt in ewigkeyt.]

Vrsach seines eilundē abzugs/ wie leüchtlich zübedenkhn gewesen/ der groß hunger vnd mangl
am profandt/ so sein volkh/ Roß vnd Chamelthier vnglawblich vor diser Statt vnd sonnst am her-
auff ziehn/ erlitten/ auch die strenng winter zeit vnd hertrigkait ditz lanndts/ die sein volkh/ so
merer tail vber das Mōr aus den warmen lannden komen sein/ nit gewant/ vnnd kains wegs
erleiden mügn/ Sonnderlich seine Janitscharn/ vnnangesehen/ das Er zū jnen gesagt/ Er welle so
lanng da ligen/ bis man den Schnee knie tieff von seinen Zellten wegth scharren mueß: nicht lenger/
vnd wen Er jn alle tag hundt Aspern Gold gebe: beleibt welle.

Dergleichn das Er der Türkh durch täglich guet kundschafft vernomen/ wie Rō. Ma. vnnser
genedigster herr/ aus Behem mit grosser macht/ vnd sonnst aus dem heilign Reich die Cristennlich
Fürsten/ mit treffennlicher hilff mit jme ain Slacht zuthuen/ anziehen/ also machtlos vnnd gehelliget/
solches zuegugs (wiewol enntlicher maynung ain Slacht anzenemen/ aufgezogen ist) nit erwartten
wellen/ vnnd also stracks eilenndes mit mergkhlichen grossen Raub widerumben hinab auff Kriechisch-
weyssennburg in seine lanndt mit allem seinem volkh gerükht vnd zogn ist.

[Die burgerschafft/ so zū Wien in der belegerung außbeliben/ denen erlich vbel vnerschempt]
[(vnd doch on grund) nachreden/ niemant aufnemen/ Darzū denen so blieben in der stat vil]
[mer als ander kriegßleut/ gefehrlighkeyt vñ anders vberstanden gedulbet vñ erlitten haben/ gleich so]
[wol keyn eer noch gūts zū lassen/ ist die vrsach/ das dieselben vbelreder oder beschuldiger vnerfarn]
[oder vnwissend sein wöllen/ Damit aber der vnuerschult nit auch vnbillche nachrede leyde/ so hat die]
[sach dise gestalt.]

[Als die zeyt nahend gewest/ das man sich in der stadt Wien der feynd alleyn weren hat]
[müssen/ ist etlich wenig tag daruor der Burgerschafft zūgeben vñ beuolhen worden/ jr weyb vñ]
[kind sampt dem so sie wöllen eylends weg zū schicken/ Die aber nit all also zū eynem mal/ Roß]
[wagen vnd anders vberkumen mügen/ sonder gang auff die letze allererst Roß vñ wagen vber-]
[kumen/ darauff sie jre weib vñ kind auch weg geschickt.]

[Dieweyl aber die sag komen/ das allenthalb auff den strassen Langknecht vñ ander kriegß-]
[volck zūziehen/ daraus sich vnsicherheyt zūbesorgen/ vñ sonderlich dem weybs bilder erstanden ist/ sind]
[der mererteyl burger der meynung aufgezogen/ jre weyb vnd kind sicher an jr gwar zū pringen/ als]
[sie gethon/ sich zūhand wider gen Wien zu ziehen gekert/ ist jnen die zeyt zū kurz worden/ dañ]
[der türck die stat vmb vñ vmb belegert gehabt/ also das sie noch ander nicht mer einkumen haben]
[mügen/ deren auch vil in solchem zūzug den feynden in die hend kumen/ das die erschlagen vnd]
[eyns teyls gefangen worden. Darzū auch erlich so spat weg gezogen/ die seynd mit sampt weyb vñ]
[kind auch all jrem gūt/ so sie bey jnen gehabt/ vberfallen/ genomen/ vñ erschlagen haben. Der]
[halben sie in grosser gefer gestandē so wol als die/ so in der belegerung zū Wien bliben]
[sind.]

[Es sind auch die burger so in der stat beliben/ allweg in allen lerman vnd ernstlichem wie-]
[derstand der feynds mit jrem harnisch vnd gewerer hand neben andern kriegßleuten als die erbern]
[vñ redlichen gestanden/ Vnd zū sampt dem/ all jr profand vñ narung den Langknechten trewlich]
[vnd vberflüssig/ was yedem in seinem hauß selbs notturfftig gewest were/ mitgeteylt. Vnd wiewol]
[sich alles kriegßvolck/ weyl die statt belegert gewest/ zrmlich gehalten/ haben sich doch die Lang-]
[knecht vnd Behem nach des türcken abzug vnterstanden/ alles so vom türcken vbergelassen/ zū nemen]
[vñ zūuerderben/ vnd haben also erlich Langknechte so viel mūtwillens in den Burgers heusern]
[getriben/ so nit anheym gewest/ das nit wol daruon zū sagen ist/ habē etwan mer schadens gethon]
[deñ der türck selber/ welches doch bey vns Christen gar nit seyn sol.]

Also habt jr Summarie vnnd gannts mit dem kurtzlichistn/ an all sonnder vnd schwaiff/ so daheer zú gebrauchn mer verdrieslich dann diennstlich zuhörn wärn angezaigt/ was von anfang des Türkischen "Sultans" Kaisers fürschlag biß zú enndt seines abzugs durch jn vnd durch die seinigen/ überoberung der Stat/ vnd scheermützln/ vnnd entgegen von den Kriegsuolkh in der Statt/ zú Ritter-licher/ trosslicher vn behertzigter gegenweer gehanndlt vnd zú baidn seittn versuecht worden ist/ welches alles dermassen augescheinnlich gesehen/ vnd befunden worden/ vnnd ain jeder des Es lußt alles zweifels frey sein solle/ Gott der Almechtig dem wir billich lob/ Eer vnnd danckh sagen sollen/ welle hinfüro der Cristenheit allen Syg vnd gnad wider den grausamen Tyran vnnd veindt vnnsers heiligen glaubens verleichen.

Vnd damit menigkhlich wissen vnd sehen müg/ was für ansehennlich/ trefflich vnnd Ritter-lich personen/ die dem Türckhn in diser belegerüg/ mit aigner handt vn Ratslege/ so ain treffen-lichn widerstandt gethan/ hab ich dieselbe hernachvolgende hierjnnen mit jren namen vnd Titeln benenenn wellen.

Der durchleuchtig- hochgeborn Fürst vnd herr herr Phillips Phallzgraff bei Rein/ vn Hertzog in Obern vnd Nidern Bairn etc.

Graff Nielas von Salm der elter Rö. May. Rate/ Chamrer vn verwalter der Obristn Veldt-haubtmanschaffe.

Herr Wilhalm Freiherr zú Rogenndorff vn mollnnburg etc. Rö. Ma. Obrister VeldtMarschalch.

Herr Georg von Puechhan Freiherr zu Rabs vnd Krumpach Rö. Ma. Stathalter der Nider-österreichischn lanndt.

Herr Wolffgang freyherr zú Rognndorff vnd Mollnnburg etc. Rö. ma. Rat Chamrer/ Lanndt-marschalch in Österreich vnder der Enns/ Obrissler vber die gerüsst Österreichische pherdt.

herr Johann Graf zu Hardegkh/ Glatz vnd Machlanndt/ Haubtmá vber ain anzall gerüsster pherdt.

Herr Rueprecht Graf zu Manndersheide vnnd Blannkhenhain vnnd Herr zu Geralnstain.

Herr Nielas Rabnnhaube von Sucha/ Canngler der Niderösterreichischen lanndt.

Herr Liennhart freiherr zu Vells. Ru. Ma. Rat Chamrer vnd Haubtman vber die knecht des alten hauffens.

Herr Hanns Katzianer Ritter Rö. Ma/ Rat vn landsthaubtman in Crain

Herr Egkh vn Reischach Ritter Rö. m. haubtman vber dreitausent knecht

Herr Nielas von Turn/ ritter Obrister vber den Steyrischen vnd Kernerischen hauffen.

herr Ruedolff von höhennfelde Rö. ma. ratt.

Herr Felician von Pötschach ritter Rö. Ma. ratt.

herr Marr Bökh von Leupolsdorff Doctor Rö. May. ratt/ Vitzrumb in Osterreich vnder der Enns/ öbrisster profauntmaister.

Herr Hanns von Eibenswald Ru. Ma. ratt.

herr Troyan von Awrsperg Ru. Ma. ratt.

herr raymundt von Dornnberg Ru. Ma. ratt.

herr helfride von mekhaw Ru. ma. ratt.

herr hanns von Grersennegkh- ritter Ru. may. ratt.

Herr Gilg Freiherr zú Vels/ haubtman vber ain venndle knecht

herr Erasm von Stareennberg Rö. ma. ratt vnd mundtfurschneider.

herr Longinus von Puechham/ vnd Herr Sigmunde von Puechham Viertl haubtleute/ der landt-schaffe Österreich.

Herr Wolff mayeber Rö. may. ratt.

herr Wilhalm von Warteburg haubtmá vber ain tausent Beh. knecht

herr rernprecht von Eberstorff haubtman vber ain venndle knecht.

herr Seifridt von Kolleniesch Doctor Ku. may. ratt.
herr melchior von Lamberg Ku. may. ratt.
herr Bernhardin titschan ritter Ku. may. ratt
herr Wilhalm von herbenstain Kù. may. ratt vn̄ haubtman zů Prügkh an der Leitta.
Erasm von Obrischan Kù. ma. ratt.
Vlrich Leusser, Ku. ma. ratt vnd Obuisster Zeugmaister der Niderösterreichischen lanndt.
michell Ott Zeugmaister der obern Osterreichischen lanndt.
herr hanns von Lapitz ritter, vnd Sebastian Hagn, viertl Haubtleutt der Landschafft Osterreich.
herr hanns Apsterer [Apffelrer] Ku. ma. ratt vnd vnder Veldmarschalch.
[Herr Johann Tscherte Kù. Ma. bawemerster vnd bruckmerster.]
Liennhart Büttenfelder, Ku. ma. músstermaister
Veit von Waldennburg Ku. ma. Obuisster Krigßzallmaister.
hanns Weysperger Ku. ma Kriegßecretari
Jobst Liliennberger Ku. ma. profanndmaister
Abl von holnegkh haubtman vber die Steirerischen knecht.
Ernnst von Brandenstain, öbuisster vber drei tausent Behemisch knecht
Caspar titschan haubtman vber ain venndle knecht.
maximilian Leusser, haubtman vber ain venndl knecht
Wolf hagn "Hagn" haubtman vber ain venndl knecht
Sigmund Leysser haubtman vber ain venndl knecht.
hanns Lensser Wachtmaister.
Bartlme Werssenegkher Leyttinger, herr Steffan Glasweins vber die Steirensch gerusste pherde.
hanns von Sickennstain haubtman vber ain venndl knecht
hanns Jörg Purgkhstaller haubtman vber ain venndle knecht.
hanns Stanmoser haubtman vber ain venndl knecht.
maximilian Awr haubtman vber ain venndl knecht.
Petter Perschrna haubtman vber zwa venndl Behemischer knecht
Petter Sproschyn haubtman vber ain venndl Behemischer knecht.
hanns Vlrich von Rottennburg Leyettinger
Lytl hanns von Sawlach haubtman vber ain venndl knecht
Staffel von Newn Sels [Cristoffel von Newen Sels] Wolff pfaffnlap. [Pfaffenlap]
hanns Dietrich von hohennegkh [Hoheneck] haubtleute
Cristoff Saler haubtman vber die Bernerischn knecht.
Lienhart Lochner haubtman vber die Bernerischn knecht.
Anthoni Rud, haubtman vber ain venndl knecht
Jörg von Wolf ramansttorff, Ku. may. Jegermaister.
Cristofl von Lamberg ritter

haubtleut aus dem reich.

Jörg Lauffenholtz	Ludwig von Graffenegkh
Cristoff Jud	Gregor Lamperter
ruedolff marschalch	hanns hablugll
Wilhalm Talhaim	hanns mergl von memingen
hanns Taubentantz	hanns Gundlfingen
Caspar Zamacher	hanns von rieblingen
Groß michel	michel von Bamberg.

[Die Haupcleuc auß dem Römischen Reych, der xiiij. vnd in zwey Regiment verordnet gewesen.]

[Erstlich vnter Cúnz Gozmans Regiment vij. Haupcleut, mit namen:]

[Georg Lauffenholz Hauptman, vnd des genanten Gozmans Leyttinger.]
[Groß Michel von Onolzpach von wegen Herren Georgen Marggraffen zú Brandenburg ic.]
[Caspar Zaummacher Hauptman vber ein Fenlein knecht von wegen der von Nörmberg.]
[Hans Gundelfinger Hauptman vber ein fenlin knecht vō wegen der von Nür.]
[Hans Taubenrang von wegen Herzog Johansen ic.]
[Michel von Bamberg von wegen Herzog Hansen.]
[Hans von Rieblingen, Hans Moren Leyttinger.]

[Die andern sieben Haupcleute, so vnter Jacobs von Wernaw Regiment gewesen, seyn nemlich.]

[Ludwig von Grafeneck Hauptman vber ein Fenlin knecht, vñ des genanten Wernawers Lerr-][tinger.]
[Rúdolff Marschalck von Zappenheym.]
[Wilhelm Calheymer.]
[Christoff Jud von wegen Herzog Wilhelm von Bayern.]
[Gregori Lamperter ist dahinden bliben, aber seyne knecht hienein kumen.]
[Hans Hablúgel.]
[Hans Merckel von Memingen.]

[So haben die von Nürmberg ein Fenleyn, vnd die von Augspurg zwey Fenlin knechte zú eyner]
[weytern hilff eylendts gen Wien geschickt, aber im abzug des Türcken erst hienein kumen, sind Haupt-]
[leut gewesen, Hans Peck von Nürmberg, Bernhard Schlubi, vnd Jeremias von Augspurg.]

hispanisch haubtleut.

Luys de Aualos maistre de Campo
melchior de Villarnell
Jhan de Salynas
Jan de Agnilera.

[Ratherrn so in der Stat beliben sind.]

[Wolffgang Crew Burgermeyster.]
[Paulus Bárenfús Richter.]
[Sebastian Eyseler.]
[Sebastian Schrang.]
[Wolffgang Mangolde.]

Mit Kü. May. Gnad vnd Priuilegien.

Getruckht zú Wienn in Österreich, durch Hieronymum Victorem. Anno etc. M. D. xxix.

[Die recht warhafftig Contrafactur der statt Wien vnd des Türcken belegerung rings weis
vmb die gantz stat, zů wasser vñ zů land wirt gemacht auff sechs pogen, vnd allenthalben ange-
zergt, an welchem ort ein yedes leger gelegen ist, mit sampt den scharmützeln, wirt man finden zů
kauffen mit sampt disem Büchleyn, das ich hab lassen trucken, bey Niclas Meldeman Brieffmaler
zů Nürmberg, bey der Langen prucke wonhafft, hab auch dieselben gemelt Contrafactur zum
teyl selber gesehen vnd erfaren.]
"Dresden, Gedruckt bey Matthes Stöckel, M. D. XCV."

Ein kurtzer bericht vber die recht warhasftig Contrafactur/ Türckischer belegerung der stat Wien/ wie dieselbig anzusehen vnnd zuuersteen sey/ welche zu rhům/ preyß/ lob vnd ehr gantzem Römischen Reich/ gemeyner Ritterschafft/ vñ in sonderheyt einem erbern Rath der stat Nůrmberg/ durch Nielas Meldeman yez verfertigt/ getrůckt vnnd außgangen ist.

Fürsichtig/ Erber/ weyß/ günstig vnd gepietende liebe Herrn/ Als verruckts Neun vnd zweintzigsten jars ym monat Septembris/ der erschröcklich feyndt der Christenheit/ der Türck/ mit heers krafft/ vnnd einem vnzalberem kriegsuolck/ die stat Wien in Osterreych hefftig an allen ortten gerings vmb zu lande vnd wasser belegert/ Derselbigen (wie augenscheinlich vñ menigklich wissend ist) vil trangs mit schiessen/ stürmen/ vnd graben/ Auch der gantzen landschafft mechtigen schaden/ mit raub/ prand/ vñ mörderey zuge-fůgt/ vñ vil erschröcklicher that geůbt hat. Vñ aber auß söderer grosser gnad vñ barmhertzigkeyt des Almechtigen/ ð selbig feynde nach vilfeltiger zugefůgter beschedigung/ wider vmb abgezogen ist/ hab ich mich zurselben zeyt vnterstanden/ vnd solchs E. F. W. zuuor angezeygt (die ij vngezweyffelte noch in guter gedechtnuß habe) ein ware rechtgeschaffene contrafactur derselbigen belegerung zuerlangé/ bin auch võ stundan selbst auff mein kosten gen Wien gezogen/ meinem furnemen nachzukummen/ in solchem keinen fleyß gespart/ mich allenthalben befragt vnd raths gepflegen/ ein rechtgeschaffne visierung aller geůbten handlung zuwegen zubringé. In solchem hab ich erfaren/ das ein berůmbter Maler zu Wien/ der für sich selbst/ als der Türck noch vor der stat gelegen/ auff dem hohen S. Steffans thůrn die gantz bele-gerung gerings vmb zu land vñ wasser/ herwiderumb auch deß kriegsuolcks gegenwer in der stat wider die Türcken/ alles wie es an im selbst ergangen vnd augenscheinlich gewest ist/ verzeichent vnnd abgemacht hab/ Also das hinach kein gründlicher visierung dero gleich hat mögen gestelt werden. Demnach ich von ỹ stundan mit dem selbigé Maler gehandelt/ mir die selbig zuuerkauffen/ das er sich erstlich gantz gewergert/

23

zu legē aber nach vilfeltigen ersuchen vn̄ vnterhandlung der Herrn/ on die ich von E. F. W. sonderlich fürdernuß brieff gehabt/ deren ich auch genossen/ solche visierūg von berürtem Maler vmb mein geld erkaufft/ vnd zu wegen bracht/ welche ich nun auff das aller fleyssigst/ so ich gemöcht/ auff mein eygen kosten in ein rechte ordenliche form gebracht/ vn̄ ygo in truck gefertigt hab/ wil also solches werck E. F. W. einem Erbern Rath/ meinen gepietetē lieben Herrn/ zu sondern ehren/ rhům/ preyß/ vn̄ wolgefallen hieher zugestelt/ vnd mit diesem meinem geringen werck vn̄ getrewē fleyß vnterthenigklich verehret habē/ mit vntertheniger bitt E. F. W. wöllen solch vō mir/ als einē gehorsamē Burger danckbarlich vnd zu gefallen annemen/ vn̄ meine günstig herrn sein vnd bleiben/ Das wil ich vmb E. W. gantz willig verdienen.

Daneben aber günstige lieb Herrn/ gib ich E. W. disen bericht/ Dieweil solch werck in die runde gestelt/ vnd aber alle andere werck sonst nach halben zirckel/ oder nach der lenge gestelt werden/ das solchs darumb beschehen/ das die belegerung gerings vmb die gantz stat Wien gewesen ist/ vnd sole die contrafactur nach lenge/ oder halben zirckel gemacht worden sein/ were vil dings vn̄ villeicht das nötigest/ das sich an der andern seytten/ oder an vil orten der stat begeben het/ würde aus not verdeckt vnd vngesehen bleiben müssen. Nach dem vber solchs villeicht für frembd oder seltzam angesehen werden mag/ auch vor nicht vil gesehen ist/ wil ich auffs kürtzest anzeygung thun/ wie mans verstehen soll.

Vnd demnach anfangs dise gleichnus setze/ wan einer mitten in einer stat/ auff einem hohen thūrn stünde/ vn̄ kündte vber die gantz stat gerings vmb/ in ein landschafft hinein sehen (des geleichē in die stat hinumb) so sihet er Dörffer/ Schlösser/ wasser/ velde/ berg vn̄ thal rc. vnd was in der gantzen landschafft (so anderst sichtig ist) vmb die selb stat herū ligt/ vnd so er vntersich in die stat herab sihet/ mag im auch nicht vil verpoigē bleiben/ Dem gemeß/ hat auch diser Maler auff dem hohen S. Steffans thūrn zu den vier fenstern heraus auff alle örter gerings vmb vber die stat Wien in die selbig landtschafft/ Nicht/ wie die dörffer vnd flecken allenthalben verbrendt/ wohin die leger geschlagen/ wie man gescharmügele/ vn̄ die stürm angeloffen hat rc. Des gleichen in die stat herüber/ vn̄ was dann allenthalben in der figur verzeichnet vn̄ angezeigt ist/ souil ymmer müglich sehen mögen/ also muß es von oben herab verstāden werdē. Welcher nun disen verstandt hat/ dem ist solche cōtrafactur in den zirckel gestelt/ zusehen nymmer seltzam/ sonder also zuachten/ als ob er selbs zu Wien auffm thūrn gewest/ vnnd solche ding vor ym gesehen het.

Nun möcht aber yemand der stat halben fragen/ warumb die heuser/ stöck vnd gassen nit auch verzeichnet worden wern. Dem antwort ich/ das dieselben mit sondern fleyß vn̄ darumb auffgelassen sein/ das man bester baß anzeygen vnd sehen mag wie sich das kriegsuolck in der stat zu der gegenwer gestelt/ wie vnd wo man allenthalben in der ordnung gestanden/ vn̄ was sich in der not mit pawen/ befestigung vn̄ anderem aller ort begebē hat/ das sonst/ wo die heuser gesetzt/ so deutlich nit het mögen angezeigt werden/ man het auch noch souil papier darzu prauchen müssen/ vn̄ were also nit yedermans kauff/ vnd für den gemeinē man gewesen. In kürtze aber wil ich die stat allein on die belegerung abcōterfeet/ auch (ob got will) außgeen lassen. Also ist die statmaur allein mit den namhafftigē thorn vn̄ thürnen/ vn̄ wz in den selbigen verfast/ in der grüdt gelegt/ vn̄ ein yedes mit seinē namen verzeichet vn̄ angezeigt. Auch seind alle kirchē/ souil der in der stat sein/ ein igliche mit yhrem namē ongeuerlich an yr gepürlich ort oder resier gestelt/ dabey leichtlich zuuersteē ist/ wo biß oð biz geschehen vn̄ gehandelt worden.

Nun weytter anzuzeigen/ wie die Quartier in der stat nacheinander auffgeteylet/ welcher Herr oder Hauptman ein yeglichs vnd wie weyt innegehabt/ volgt hernach/ vn̄ in der figur an der statmaur thoren vn̄ thürnen mit dem Alphabet verzeichent/ vom A biß auffs S.

Das erst Quartir hebt sich an mit A verzeichnet/ bey dē Roten thurn/ vn̄ geet biß auffs B. das ist in mitten zwischen dem stuben vn̄ kerner thor/ welches dem durchleuchtigen hoch gebornen fürsten vnd herrn/ herrn Philippen Pfaltzgrauen bei Rhein/ Hertzogē in Beyrn rc. sampt andern des reichshaupt leuten/ zu beschützen vn̄ zubewarn eingeben worden/ das sein F. G. mit sampt den andern/ bey tag vnd nacht/ mit höchstem fleyß/ grosser arbeyt trewlich vnd vnuerdrossen versehen hat.

Das ander Quartir, vom B. biß auffs C. das ist von mittё zwischen dem stüben vñ kerner thor, biß auff das Augustiner Closter, hat herr Eck von Reyscha in verwaltung gehabt, bз er auch mit embsigen fleyß bewart, vnd am selben ort hat die stat die gröst not vnd schaden erlitten.

In dem selben Quartir von dem kerner thor, gegem stüben thor werg, haben die Türcken (wie in der figur verzeichёt) zwei grosse ort der mauren nider gesprengt. Weytter oberhalb dem kernerthor gegen sant Clara vber, der gleichen ein trefflich loch ynn die maur gesprenge, welche löcher vnnd örter die obersten hauptleut vnd Marschelk selbst personlich bey tag vnd nacht sampt bё hauptmã B. M. zu Hungern vñ Beheim bё kagianer mit verpawũg vñ pol wercken verhüt vnd versehen haben.

Das drit Quartir vom C. biß auffs D. das ist vom Augustiner Closter biß in den burggarten, ist hern Abeln von Holneck, Hauptman vber den Steyrischen hauffen eingeben worden, der auch kein fleyß vnd arbeyt gespart.

Das vierdt Quartir vom D. biß auffs E. das ist die burg biß zum schotretthor, ist hern Leonhart Freyhern zu Velß hauptman vber die knecht des alten hauffen zuerwaren eingeben worden, der auch alzeit sein bestes gethon.

Das funfft Quartir vom E. biß auffs F. das ist von schottenthor vng zu dem Judenthürn, vnd vom Judenthürn biß zum thurn ym ellend, ist herrn Rumprecht von Ebersidorff hauptman vber zwey fenlein knecht zubeschützenn befolhenn wordё, welcher Herr ꝛc. von gemeirem thürn ym ellende (auff welchem ein trefflich groß polwerck vnd vast gut geschütz gewesen) den Nassern auff dem wasser grossen schaden gethon.

Das sechst Quartir vom F. biß wider auffs A. das ist von dem thürn ym ellende biß zu dem Rotten thurn, hat Ernst von Brandenstein, Obrister vber die Beherm, sampt herrn Wilhelm von Wartenberg, vnd Graf Hansen von Hoideck dar zwischen die zwey thor, als werberthor vnd saltzthurn, zu beschützen innen gehapt, bз sie nit weniger dann als die getrewen verwart vnd behüt haben.

Nun volge weyter auch in der figur, võ A biß auffs S verzeichent, wo sich der Türck vnd seine Wascha in die landschafft allenthalbenn (so weyt man dasselbig sehenn mag) vnd vmb die stat gelegert haben.

Erstlich an dem ort mit A. bey S. Marx. verzeichent, ist des Türkischen Keysers leger, vnd das gröst gewesen, darinnen er selbs personlich gelegen ist. Im selbigen läger seind des Kaysers zelt deren vil gewest, inwendig gantz kostlich mit gülden stücken vnd pölstern, nach prauch der Türcken bedeckt, vnd außwendig in der höch mit schönen güldenen knöpffen verfast vmb dieselbigen zelt, ist ein weyter platz gewest, darauff der Kayser sein veldgschütz biß in die 300. stück, mit allem vorteyl zu einer schlacht, mit auffgeworffnen gräben vnd schantzen ordenlich nacheinander gestelt, vor dem selben geschütz seind die Janitschern (auff die er sich nit wenig verlest, dann sie auch ein Kayser zuerwelen gwalt haben) biß in zwölff tausent starck gelegt, hat auch bey funffhundert seiner Trabanten mit handt bögen, stets bey vnd vmb sich gehabt. Das selbig läger hat angefangen bey der Thünaw zu Ebersdorff, vnd gantz weyt hinauff werg, schier biß geen Symering, vñ an das Wiener gepürg, vnd hynabwarg (do mans nie hat sehen mögen) biß gen Schwechat vnd Trautmansdorff gereicht.

B Ist von obangezeigtё des Kayser läger, ein wenig aufferwertz gegё der stat zu, ein groß heer, darinnen des Türckё liebster vñ obrister haubtman mit namen Abrahin, oder wie man den bey vns nent Jmbray Wascha gelegen, vnnd hat gereicht vns zu der gstetten des newen oȝ Laßlasthürn, wie man nennen wil. Bey dȝ selbigen thürn ist ein hoher auffgeschütter wal auff welchem die Türckё schantz vñ acht Falckanerlin gehapt, auff denselbё stets auff den kerner thürn geschossen, denё auff der mauren vnd thorn vil hindernuß vnd schaden gethon.

So ist auch zumercken/ das bey der Spytelmül vor dem Kernerthor/ verzeychent auff beden seytten Türckisch geschüz gestanden/ vñ auff dem einen ort haben sie ein vast hohë wal von erden auffgeworffen/ hinder welchem die Büchsenmayster/ das man nit zu yn schiessen mög/ sich enthalten/ vnd wan man stürmen wolt/ so haben die selbigen Büchsenmayster zu beden seyten der Müln/ vñ die bey dem Laßlasthürn/ so trefflich anheben zuschiessen/ das die yn der stat hinaus gegen feinden nichts nit mochten schiessen oder aufrichten. Jn der selben weil seind dañ die Janitschern sicher vō nechst obberürtem läger/ wie yn der contrafactur mit B verzeichent/ mit heerßkrafft vnd ganzer macht heraber/ vnd büschel von weyden/ weinreben/ holz/ ꝛc. gemacht/ biß zu der Spytelmül an die Wien (ein wasser also genant) geloffen/ die selbigen büschel ins wasser/ vnd pretter darauff geworffen/ vñ also herüber kummen. Hinach seind sie gleich in der vorstat gewest/ das man in weytter schiessens halb keinen schadē hat mögen thun/ sich in der vorstat verlorn/ das man nit gewüst hat wo sie hinkummen seind/ vñ verstolens vnter der erden in den gegen/ deren sie mehr dañ ꝛl. gegrabē ym statgraben/ wie in der figur auch verzeichent ist/ herfur kumen/ auff die mauren gestigen/ vnd gestürmt so lang/ biß mans wider abgetriben hat. Volgt weytter.

C Jst ein groß heer nach dem wasser Wien gelegē/ vñ gāz weyt hinter S. Diebolt hinüb (welchs ein groß Closter Bernhardiner ordens auff einē hohen berg ist) schier biß gen Penzing gereicht/ vñ ist bz erst läger/ darinn die hütten vñ zelt seind auff geschlagen worden. Der selbig Wascha ist aus Natalia gewest/ vnd hat vier seiner sün bey sich zu veld gehabt.

D Jst ein läger geschlagen worden in sant Vlrichs thal/ in welchem ein Wascha auß öbern Wossan gelegen/ vñ seind die zelt gantz dick in einander geschlagen gewest.

E Jst ein groß heer am Sperckenbühel gegen der Thůnaw zu/ biß zu der heyligen stat/ vñ ein wenig das hindan gelegen/ darinen vil gefangen Christen/ vñ desselbigen Wascha namen Nasitarski gewesen/ Bey dem selbigen läger am sperckbühel seind die Janitschern/ auff teutsche monier/ mit auffgerecktem geteyltem rot vñ weyssen fendlein ein ganzen tag in der ordnūg gestanden/ auff meinūg/ die in der stat sollen gedencken/ es seyen freund/ die sich herzu gewagt/ vñ mā sol yn die stat öffnen/ oder heraus entgegen ziehen/ sie also bentriegen wöllen.

F Seind die Nassern aufferwerts gegen der Thůnaw inn einer Aw gegen dem Neupruch ober/ vnd an der gestetten hin auff/ biß gen Klußdorff/ mit einē grossen heer gelegen/ die das wasser ingehabt/ vñ dem heer botschafft vñ kundschafft gethō wie alle sachen geschaffen/ damit sie yren nachzug bester sterlicher volpringen möchten. Weyter ist zumercken/ das in beden vorsteten/ als vor dem Kerner vñ purckthor/ die Janitschern vñ vil ander Türckisch kriegßuolck/ aber in sonderheit die Büchsenschützen gelegē/ deren allein on die andern/ biß in die. 12. tausent gewesen seind/ welche sich in den verprenten heusern/ präd stützen vnd gmeür/ vor dem Kerner thor/ deren gmeür noch gestanden/ enthalten haben/ durch welche sie kleine löcher zu yren handtroren gemacht/ vnd hinter dem selbigen versichert/ vnnd gantz gewiß/ ein so vnseglich vnmenschlich schiessen bey tag vñ nacht draussen gethon vnd volpracht haben/ also das sich niemandt auff der maurē zwischen den zinnen/ nür ein wenig hat dörffen sehē lassen/ vñ das kriegßuolck in der stat dadurch grossen schaden entpfangen. So haben auch dieselbigen Janitschern vnd ander Türckisch kriegßuolck/ hinter solchem gemeüer/ vnter der erden/ wie in der contrafactur mit disen worten verzeichent steet (plaz vor dem grabē) vil genug/ die sie hinach oben mit prettern vnd mist verdeckt/ biß gar in statgrabē hinein gemacht/ also das sī frey sicher vngesehen biß an wal hinan lauffen mochten/ vnd nür schlechts hinter dem selben vñ dem meürlein des statgrabens sich enthalten/ vnd mit yren roren verpergen/ daburch löcher gemacht/ auch darüber aus zu den vnsern auff der maur gantz gewiß geschossen. Jtem/ so haben sie auch daselbst an vil ortē biß vnter die starmaur hinunter graben/ dieselbig hinach mit puluer zersprengt/ wie bann anfangs gemelt ist worden.

Also günstige vnnd gepietende lieben Herrn, wer vil dings noch anzuzeigen, das sich begeben hat, dieweil ich aber ein sonders büchlein von der Türckischen belegerung hab lassen aufigeen, inn welchem alle ding nacheinander erzele, hab ich allein was zu disem werck der conterfactur gedient, auffs kürzest angezeigt, vnd was hie mangels ist, wirt daselbst dester reylicher erstatt, thú mich hiemit E. F. W. in aller gehorsam vnterthreniglich befelhen.

E. W.

Gehorsamer Bürger, Niclas Meldeman.

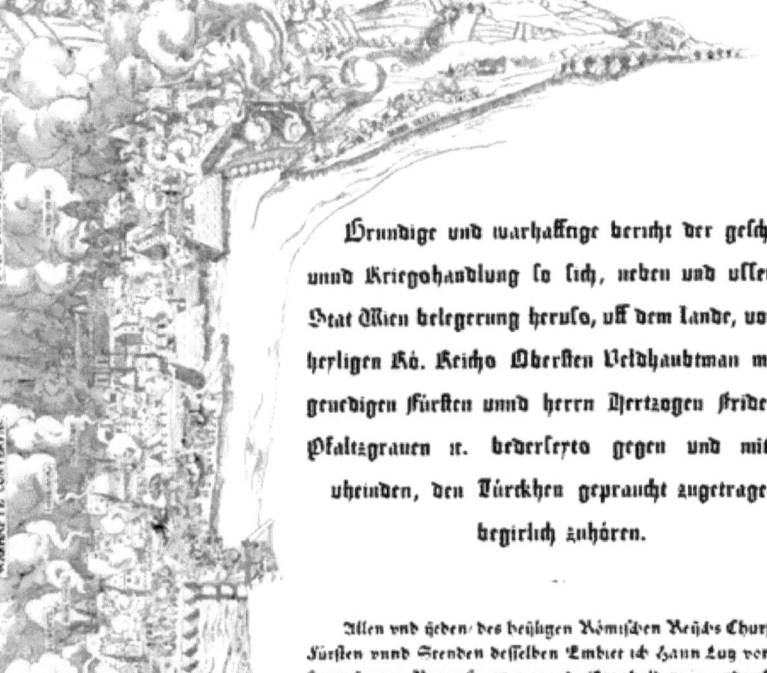

Grundige und warhafftige bericht der geschichten unnd Kriegshandlung so sich, neben und usser der Stat Wien belegerung herußo, uff dem lande, von des heyligen Rö. Reichs Obersten Veldhaubtman meinem genedigen fürsten unnd herren Hertzogen Friderichen Pfaltzgrauen ic. bederseyts gegen und mit den vheinden, den Türckhen gepraucht zugetragen, begirlich zuhören.

Allen und yeden/ des heyligen Römischen Reichs Churfürsten Fürsten vnnd Stenden desselben Embiet ich Hann Lug von Augspurg yetzt zu Regenspurg wonend/ Erenhold mein vnderthenigst gehorsam vnnd willig dienst alezeyt mit vleis zuuor/ Genedigisten genedigen vnd gönstigen herren/ Es gibt die pilligkheit/ vnd Naturlichen Rechtens zudem es ein Erbere vernunfft loben muß/ Auch an jm selbst pillich ist/ Wie das vnsere vorfaren/ Als solchs die Alten Historien begeügen/ Löblich im geprauch herpracht/ die Eerlichen Redlichen thaten vnd geschichten/ sonderlich der großmechtigen Kayser König Fürsten vnd herrn/ zu einem angaigen vnd gedechtnus/ vnser nachkomen/ vnnd vff das die vergessenheyt/ welche allen Jrrhumb gebirt nit darzwischen kome/ zubeschreiben Vnnd wiewol meins versehens allenthalben jm heyligen Reich vnnd ander Nationen vnuerporgen/ vnnd kuntpar ist/ Mit was angebornen/ Hochadelichen Fürstlichen tugenden/ sich etlich hundert Jar her/ die zwey Löblichen hewser Pfalz vnd Bayern/ bey dem heyligen Reich vnnd sonst/ Sonderlich aber am jüngsten/ der Durchleüchtig Hochgeborn fürst vnd herr herr Friderich Pfalzgraue Bey Rein Hertzog in Bayern/ Römischer Kayserlicher Mayestat Stathalter/ vnd des heyligen Reichs Oberster Veldhaubtman/ mein genediger herr/ mit sambt seiner fürstlichen genaden lieben Brueder vnd Vetter/ Auch den Durchleüchrigen Hochgebornen Fürsten vnd herrn herrn Wolffgangen vnd Herrn Philipsen pfalzgrauen bey Rein Hertzogen in Nydern vnd Obern Bayern etc. Als Christlich Eerliebend fürsten zubeschirmung vnd erhaltung vnsers waren Christlichen namens vnd glaubens/ wider desselben hessigen Erbtheinde vnnd Vertälger/ den Türckhen nechster in Hungern vnnd

Österreich fürgenomner vnderstandner Tijranneÿ vor vnerhörten hefftigen jnbrangs/ vnnd erbermlicher handlung begeben/ Darjnn sambt jrem beÿ sich gehabtem Ritterlichem vnd anderm Kriegsvolck/ von Fürsten Graffen Herrn Vnd andern Redlichen gesellen/ mit dem/ das sie (Dieweÿl villeicht vß des Almechtigē schickung/ vmb des pesten willen sein des Oberstē Veldhaubtmans fürstlich genad/ wider derselben höchst begirde/ derweg in die Stat Wienn zukomen/ durch den vheinde verlegt vnd versperrt worden) Das Lande vnnd die vnderthanen herrÿs/ die sich selbst vergagt vnd trostloß befunden/ vnd der wüetnch sich auch heffig vnd ernstlich vmb sie angenomē/ vil Christlichs pluts vnd andern vnwiderbringlichen verderblichen schaden vnd nachtbaÿl erreet/ gehabtem beuelch nach bewiesen vnd erzaigt. Also das solchs erst mit der Federn/ vnd in schrifft vßzepragtten vnnd zuuerkünden nit not wäre/ So hat mich doch obbemelte im jngang ergelte bewegnus/ darzu auch dis/ Nachdē seht verloffner Kriegsrbung vnd des wüetrichs abzug/ etwo vil begriff socher geschichten vßgangen/ die ich was mir der zuuerlesen fürkomen sein/ zum thaÿl gründlicher vnd volkomlicher bericht vngleichmessig vnnd entgegen gespürt/ auch zu merer begirlichen Lere/ vnd beherzten Manheit/ wiß diesen der Christenheit Erbvheinde nit vngeÿelich vervrsacht/ wie ich mich dañ des meinem Ambt nach eins Erenholds/ Damit hochgedachtem meinē genedigē Fürsten vnd herrn/ dem Obersten Veldhaubtman/ wider diesen hefftigen vheinde/ ich zugethan vñ verwant gewesen pflichtig vñ schuldig erkenne/ auch für mich selbst on Rome zumelden genaige bin/ jn sonder auch von wegen des gemainen Mans/ der dieser herrÿs geprauchter Kriegshandlung gern wissens hette/ die waren geschicht/ aller in diesem thon herrÿsiwerts der Stat verloffner sachen/ gründlich vnd warhafftig anzuzaigen/ hiervff dasselb nachvolgender gestalt vndersehädlich vergaichent. Vnderthenigist Diemütigist butende/ Euer Churfürstlich Fürstlich genad/ genaden herligkheit vnnd gonsten geruchē das von mir gnedigklich vñ gonstlich angunemen zuhöre/ Vnd ob woll wie piltich dz merer begirung vstreichs/ vñ statlicher vfrüerung/ Darjn ich mich ß warheit nach nit vbertreiffen konnte bedörffte/ Dannoch solchs meinem geringen verstand/ wie ich dañ das denen so der geschickt wissens tragen auch beuilich zumessen/ mich hierumb denselben/ euern Churfürstlichen/ Fürstlichen/ genaden/ herligkeit vnd gonsten/ vßs vnderthenigist diemütigist vnd willigist ergebende.

Anfencklich mag villeicht/ vilen/ vnd der merer theÿl wissend sein/ das vergangner jar gehaltens Reichstags zu Eßlingen/ vff der Königklichen Maiestat zu Hungern vnnd Beheǰm ɛc. meins genedigisten herrn Offtermaln embsich ansuechen vnd bit/ der Christenheit Erbvheinds des Turckhen beschwerlichen vnnd hefftigen jnbrangs halben/ sonderlich in die Cron Hungern/ vß Notturfftige darzu bewegenden vrsachen zu widerstand desselbs/ von des heiligen Reichs wegen ein hilff zulaßten bewilligt/ vnd derselben nachgevolgts Reichstags zu Speyer/ des Neunvndzweinzigiste jars zu einem obersten Veldhaubtman/ hochgemelter mein genediger Fürst vnd herr Herzog Friderich ɛc. verordnet vnd fürgenomē.

Vnd ob woll in dieser sach/ wie ich bericht/ die darzu verordente Churfürsten vnd fürsten/ derselben potschafften vnd etlich Regiments Rette/ zweÿmal zu Regenspurg zusam komen/ So ist doch zu denselben maln/ nichts entlichs beschlossen/ Sonder bestimbts andern tags herr Sebastian Schilling Ritter/ vnd Christoff Pesniger pfleger zu Brawnaw zuerfarung vñ verkundschafftung der Türckhen anzugs/ gein Hungern abgefertigt/ vñ erst zum dritten mal/ Nemblich den Achzehenden tag des Monats Augusti/ vff berürte vor gepflegne gehabte/ vnd der benanten zweÿer angezaigte Kundschafft des Türckhen anzugs vñ furdruckhens die hilff/ welche zu Roß Sechzehen hundert/ vnnd Sieben Tausend zu fueß getroffen/ ǧlend fürgeen zulaßen beschlossen.

Demnach diese Sechzehen hundert pferd in vier geschwader/ vñ jedem derselben vierhundert pferd getaÿlt/ Meinem genedigen fürsten vñ herrn Herzogen Friderichen Oberstem Veldhaubtman ains/ Auch meinem genedigen herrn Herzog Heinrichen Pfalzgrauen ɛc. das ander/ Landgraff Georgen zum Leüchtenberg dz drit/ vñ herr Gangolffen herrn zu hohengerolzeckh dz viert/ furßlich vff vnd zuer Musterung zupringen vffterlegt worden/ vnd die tag der musterung der Raÿßigen/ vnd Fußvolcks/ in Sieben Acht/ vnnd zehen tagen vngeuerlich nacheinander/ nach eins jeden haubtmans gelegenheit angesagt.

Vnnd vber das Fueßvolck zu Obersten verordent worden Jacob von Werdenaw, vnd Conzz Gozman. Alspald nach diesem beschluß, habe sich dij verordenten Fürsten derselben potschafften haubtleüte vñ Rette voneinander getrennt, vnd zu vßbringung, vñ bestellung des Kriegsvolcks geeylt. Sonderlich hochgedachter fürst mein genediger herr, der oberst Veldhaubtman sich zustund gein Neüenmarckht gefüegt, vnd beworban, dz sein F. G. dij anzal jres geschwaders der vierhundert pferde, vnd etwas darvber, darvnter sie jren vetter, mein genedigē herrn Herzogen Philipsen rc. mit hundert pferde genomen, zuer hande gepracht, vnnd gefast. Auch des versehens gewesen, Es solt beij den andern dreijen auch fortgangē sein, Vnnd damit es des Fueßvolcks halbē auch keinen verzug ob mangel haben möcht vnangeseben, wij beschwerlich es den Armenleüten der enben gewesen bewilligt, was vnd Conzen Gozmans Regiment gehörig, dij versamlung vñ den Musterplaz zum Neüenmarckt zuhalte, wij dañ beschehe. Aber Jacob von Werdenaw, mit seinen knechtē zu Thonawerd gemustert worde, Also dz kein haubtman vber dij geschwader zum selben mal, dañ sein F. G. die vollig anzal jrer Reütter beüsam gehabt, hat sein F. G. alßpald nach der musterung, hochbestimpten meinen genedigē herrn Herzog Philipsen, des F. G. nachvolgends in der belegerung d Stat Wien bedretten worden, voran ziehen lassen, Vnnd wol des willens gewesen glends hinnach zuruckhe. Aber sein F. G. hat bedacht, dz seinen F. G. wölle gepüern daran zusein, Damit des Reichs kriegsvolck, zu Roß vñ fuß gemustert begalt, vnd zuuor in zuge, dz sonst beschwerlich vñ langsam zugangē gepracht zu dem es sich sonst der herberg halben, auch alsofüegen müssen.

Dazwischen vnd in solcher zeit ist mein genediger herr Herzog Heinrich sambt meinem genedigē herrn Herzog Wolffgangen, bede pfalzgrauen beij Rein herzogen in Baijern rc. gebrüdere mit seiner F. G. Reüttern, souil sein F. G. in solcher ijle vñ kurzer zeit ferre des wegs halbē vßspringen konnen, biß in zweijhundert pferde zum Neüenmarckt ankomē, vñ dieselben bemelte herzog Wolffgangē, nachdem sein Herzogē Heinrichs fürstliche genad mit volligen anzal jres geschwaders in angeregter kurzer zeit nit gefast konne werden, vbergeben, die mein genediger herr oberster Veldhaubtman, nach der Musterung auch abgefertigt, Volgends bede mein genedig herrn der Landgraff von Leüchtenberg zu Regenspurg vnd Gerolzeckh zu Thonaw werde sich mit jren Reüttern, was sie der vßgepracht, mustern lassen.

Volgends, vnd nach beschehner der geschwader, vñ Fußvolcks Musterung, ist mein genediger furst vnnd herr, der Oberst Veldhaubtman, bey dem jezebenanten mein genedigen herren, sambe jren Reüttern zu wasser vnd land angezogen, Vnd nemblich der Oberst Veldhaubtman, am Achtzehendē Septebris, zum Neüenmarckt vßgeritten, des andern tags Sontags gein Regenspurg komen, Vnd etlicher jreniger hendel halben, mir vnbewüst, die noch nit gar Ruchtig gemacht gewesen, mit etlichen Regiments personen, vnd anderen vnderrede pflegen müessen, Doch nichts weniger die haubtleüt desselben tags, Lglends vor abgefertigt, Darnach den Ainvndzweinzigisten tag Septembris, Ist sein F. G. mit all derselben zugehörigen gesünde, an das wasser, daselbsten die Schäff zugericht vnd georbent gewesen, vñ mit jme zwen seiner Fürstlichē genaden Brüder, vorgemelter Herzog Heinrich, Vnd mein genediger herr der Bischoff zu Regenspurg gangen, die pferde lassen jnsprengen, auch selbst zu Schäff gesessen, Vnnd jm namen Gots von Lande gefaren, denselben abent gein Straubin komen, Aldo vber nacht plåben, des andern Nemblich des zwenvndzweinzigisten Septēbris früe wider zu Schäff gewesen, vnnd ob woll sein fürstlich gnab, denselben tag gar gein Passaw zuschäffen vermeint gehabt, mit der nacht gein Filsihofen kommen vber nacht ba plåben, vnd morgens am Dreijvndzweinzigistē Septembris vmb Muttemtag gein Passaw komen, vonn des Bischoffs Retten Erlich empfangen, vnnd dieselb nacht auch albo plåben. Darnach am Viervndzweinzigisten tag benants Monats, ist sein F. G. zwischen dreij vnd vier vhren nach mittemtag zu Linz ankomen, die königlich Maijestat seinen F. G. an das wasser entgegen geritten empfangen, Vnnd in die herberg des Mauthaus belayt, vnd denselben abent vff jrer Maijestat ersuechen mit ir vff dem Schloß dij nachtmal genomen, Auch des andern tags, der Kriegshandlung, vnd ander ansehlichen nottürffrigen sachen, mir vnbewüst zuberedten verharrt, Vnd nichts weniger in ijle, seiner fürstlichen genaden

Ratte vnd diener Melchiorn von Harstall zu meinem genedigen herrn Hertzogen Philipsen vnd den andern meinen genedigen vnd gonstigen herrn den Haubeleütten vnnd Kriegsretten/ so dazemals zu Krembs gelegen abgefertigt/ vnnd sein Hertzogen Phillipsen fürstliche genad in die Stat Wienn/ Aber sie die andern haubeleüt vnd Kriegsrette seiner fürstlichen genaden zu Closter Newburg zuerwartten/ Doch das Kriegsvolck voran in die Stat zuschicken beschühen/ in willen fürter mit jnen in die Stat Wien zuruckhen/ disen Fünffvndzweintzigisten tag vmb vesper zeyt/ hat die Königklichen Mageftat/ mein genedigen herrn mit Zweyen hübschen Türckhischen pferden/ dz ein mit einem gulde Stückh/ das and mit Roten flammat vnd zeüg bedeckt vnd geschmückt/ vor seiner fürstlichen genaden herberg vereeren lassen/ Den andern tag am Sontag frue ist mein genediger herr der Oberst Veldhaubtman/ vonn der Königklichen Mageftat gesandte/ den Bischoffen zu Trient/ Graff Nielasen von Salm den jüngern/ vnd andere jrer Mageftat Rette/ gein Hoff belaut/ vermuetlich/ diser Kriegsache halber beñ zweyen Stunden im Rate gesessen. Darnach sambt der Königklichen Mageftat derselben gemahel/ vnd der Königin vonn Hungern Wittiben zu Kirchen gangen/ Das Ambt gehört/ Nach verprachtem Ambt/ die Königliche Mageftar sambt dem Bischoffen zu Trient/ vnnd anderm jrer Mageftat treffenlichem Hoffgesünde mit seinen fürstlichen genaden herab an das Schüff geritten/ dß Kö. Maß. seinen fürstlichen genaden den Wolgebornē herr Andre Vngnaben Freyherrn zu Sonegkh/ jrer Maß Ratte vnd Stallmaister von bericht wegen/ den Land gegent/ vnd ander notturfft/ der sich auch in solchem handel/ vleissig gemüet/ Sorgfelig Eerlich vnd wolgehalten zugeordnet/ Vnnd im Schüff sein F. G. sambt meinem genedigen herrn von Trient geessen/ vnnd alspald nach Essens weg geschäfft/ vnnb vff Greün ein Schloß vñ Marckhe zugefaren/ Vnd abents daselbsten ankomen/ denselbē abent ist mir volcks von Mann vnd weybē/ jung vnd alten flüchtig vffwerts geloffen/ vnnd obbenanter Harstaller/ gleich als sein F. G. angefarn/ zu seinen F. G. von den Kriegsretten ankomen/ Anzaigend/ das der Türckh die Stat Wien berente vnd belegert hette/ vnd beschwerlich hinein zukomen were. Wie nun sein F. G. vff montag den Siebenvndzweintzigisten Septēbris/ von Greün vß vff Krembs zugefaren/ Abermals ein grosse anzal volcks/ etlich Tausend zusehen erbermlich flüchtig entgegen/ Vnnd als sein fürstlich genad/ mit jer Schüffung vnferr von einem Marckhe Pösenpuch genant/ gegen der Stat Ipps vber komen/ seinen fürstlichen genaden/ von den obbenanten Haubeleüten vnnd Retten postisweis ein Drompeter vnder augen geschickt verkündend/ das der rheinde/ wie man auch den rauch gesehen vnnd geschmeckht/ am Tullnerfeld der Wienner Seätten herrffwerts prenne/ vnnd verwüste Darumb seiner fürstlichen genaden sachen best pesser acht zunemen/ vnnd man wölle sich dann in ferligkeit leybs vnnd lebens begeben/ vnd bannoch nichts vfrichten mit nichten fort zeruckhen/ aber nichts weniger sein fürstlich genad in guter ordnung zu wasser vnd pester fürsorg/ mit angetonem jrem harnisch vnd wehr fürdruckhe/ vnd denselbē abent zu Krembs an lande gefaren/ daselbsten seinen fürstlichen genaden/ von herr Sigmunden vonn Wetschselberg Ritter/ der dazumals sambt der Kö. Maß. Luffern Haubtmans/ herr Wagthürj paulsen die pruckhen zu Wien zuerretten beurlch gehabt ein schreiben komen/ wie ich verstanden des inhalts/ dz der Türckh mit seinen Nassaben vñ Schüffvolck die pruckhen zu Wien/ all drey ingenomen/ sich vff all vier seyten/ mit gäger mache für die Stat gelegert/ Auch all sein groß geschütz/ vnd hannbror lassen abgeen/ welchs warlich sein fürstlich genad fürnemblich darumb/ Das sein fürstlich genad/ als Oberster Veldhaubtman/ nit bey des Reichs bestelten vnd in der Stat belegerten kriegsvolck sein hat sollen/ mie beschwerdeem gemüte vernomen/ Doch nichts weniger vnentsezt dieser porschafft/ des fürgefasten entschlossen willens gewesen/ des andern tags seiner fürstlichen genaden nachteleger zu Korn Newburg zwo meyl von Wienn juhaben/ vnnd zuvndersteen/ durch Göeliche würckhung fürter in die Stat Wien zukomen/ vnd denselben Abent/ durch seine fürstlichen genaden Hoffmarschalckh allem gesünde lassen ansagen/ morgens des Achtvndzweintzigisten Septēbris/ vor tags wider zu Schüff zusein/ wie nun sein fürstlich genad vor tags frue/ mit solch/ jren jugehörigen zu Schüff gesessen/ etlich geschüz jnn der Stat Krembs zu sich vff das Schüff genomen/ vnnd gleich von Lande slossen wöllen/ Ist seinen fürstlichen genaden von meinen gnedigen vnd gönstigen herrn

Landgraff Georgen zum Leüchtenberg/ herr Gangolffen von Hohengerolgeckh/ Jacoben vonn Werdnaw/ Conzen Gozman vnd Jorgen von Adelzhawsen kriegsretten/ welche sambt den Baÿrischen Reütern vnd knechts Darvber Wolff von Weÿchs haubtman gewesen/ sich noch jnn die Stat Wienn zukomen verhofft gehabt etlich knecht vnd potschafft eÿlends vnder augen geschickt/ angezügende/ das sein fürstliche gnad keins wegs verrucken solt/ Dann der vheinde hette wie vorgemelt die prucken alle dreÿ eingenomen/ vnd den zugang der Stat zu Wasser vnnd Lande dermassen verlegt/ das seinen fürstlichen genaden noch jnen mit der macht sie ÿezt brüsam hetten/ Darburch zukomen nit möglich were/ vnnd haben also dieselben mein gnedig vn gönstig hern obbenant/ mit jrem jn kleiner anzal bÿ sich gehabtem kriegsvolck wider vmbkern mussen/ vn Sechs vnd breÿssig stund zu Roß vn Fuß/ vnabgestanden vn vngeruet/ auch vngeessen/ vnd vngedrunckten/ hindersich gein Brembs geruckt/ vnnd ihr vorhaben mit nichten enden mögen. Demnach Mein genediger fürst vnd herr der Oberst Veldhaubtman/ seiner genaden fürnemen/ nit mit wenig beschwerdtem gemüte müssen verlassen/ die Schÿff lassen abladen/ vn seiner fürstlichen gnaden leger/ sambt dem andern brÿ sich gehabt/ vn herrsiblÿbnem vnbgegebem kriegs volck zu Brembs/ Stain/ vn Mautern genome/ weÿterer hilff vn zugs zugewartten/ Volgendt wie vorgemelte kriegs rette vnd haubtleut gang müed gein Brembs komen/ hat sein fürstliche genad sie alßpald beschickt mit jnen zusam gesessen/ vnd wie ich hernach bericht bin/ diesen beschwerlichen handel/ vn wie vnfürsehe sich der zugetragen/ nit mit kleinem bedawern/ des herrßenbleÿbens das villeicht/ der Almechtig vß vil vrsachen vmbs pesten willen also gefueget/ vnd herzlichem mitleÿden/ des Eerlichen Ritterlichen belegerten kriegs volcks/ auch durch was mittel/ vnd weg doch demselben zu trost/ hilff vn starten gekome/ daneben die Armenleüt/ vnnd das jung vnschuldig plut/ vor des Tÿrannen erschröcklichem plutgingem vorhaben/ erret werden mögen/ hin vnd wider bewegen vnnd nit finden konnen das mit dieser macht/ Damit sein fürstlich genad versehe gewesen/ welche sich allenthalben nit vber Drÿthalb Tauffend zu Roß vnd Fueß gestreckt/ dem vheinde Schnit Statlichs abzuprechen sein.

Wer nun dieselben vom Adel/ vnd andern namhafften Eerlichen Redlichen gesellen vnd in was anzal sie gewesen/ will ich dero namen zum ende/ dieser meiner Schriffe angeÿgen auch bÿ ergelung dieser geschichten/ weÿterer oder merer nit/ dan was sich der herrß der Stat Wien verloffen/ Ich gesehen vnd eigentliches gründigs wissen hab/ in bedenckhung/ vonn der belegerung der Stat Wienn/ Sönderlich/ durch der Königlichen Mayestat Lateinischen kriegs Secretari Petern Sterns wie ich das der gestalt/ von andern glaubwirdigen nachmaln auch gehört erfaren vnd verstanden/ sonst gnug geschriben/ vnd in druckh gepracht. Aber wie ich noch bisher gesehen/ von diesem kriegsvolckh/ vnd desselben handlung herrßen/ vn nach des Turckhen abzug das villeiche der gemeÿn man zuvernemen auch beÿinzig gar kein meldung beschehen/ von guter bericht wegen thon. Dann welchermassen der fürzug für die Stat Wien ergangen/ wie der vheinde die selb genöt/ was sich dar In begeben/ vn wie ehr seinen abzug genomen wirder jnbenantem büchlein vnnd sonst darvff ich mich/ souil vn was den geschicht gleichförmig ist Referir zufinden sein.

Vnnd damit ich in dem Darumb Ichs anfangen on Weÿtschwauffend vnnotturfftig vmbreden fortfare/ So hat Hochgedachter mein genediger fürst vn herr der Oberst Veldhaubtman/ nach obangeregter beratschlagüg/ zu herr Jhan vom Bernstein der von küniglicher Mayestat wegen ein anzal kriegsvolcks vß Merhern vffzupringen beuelch gehabt/ Daneben andern vmbgesessnen Landherrn vn Ambtleüten geschickt geschriben/ vnd gepetten/ mit demselben kriegsvolck/ was der beÿeinand vnrwart des andern hauffens/ auch allen jren vnderthanen vn verwanten beÿ tag vnd nacht vngewaÿgert einer vff den andern/ vffs sterckst zu Roß vn fueß gein Brembs/ vnd daselbst vmb zufüegen/ Darzu kein Mans person/ Zur wehr tüglichen oder zu passirn zu gestatten/ vn ob der geflohen weren/ wider zuerfodern zuwenden/ vnd zuverordnen souil möglich profiant mit zupringen vnd hernach zufueren/ Vnd alßpald solchen des vheinds hefftigen Jnbrang meinen genedigsten vnnd genedigen herrn Pfalzgrauen Ludwigen Churfürsten/ den Fürsten von Baÿern vn andern mer fürsten/ Auch den Stetten Passaw Regenspurg/ Nürmberg vnd andern zuförderst auch der Königklichen Maiestat fürderlich zu wissen gemacht/ Bittende allenthalben jrer Maiestat fürstenthumb/ oberkeiten/ vn̄ gebiete/ sich mit all jren vndertthanen zuer gegenwehr gefaßt zumachen/ Auch zubeuelhen vnnd zubestellen/ korn zumalen dasselbig Mel/ sambt notturfftiger profiand/ vnd einer angal habern/ vff wasser ob Lande/ wie sichs am füeglichste schicke/ Zoll vnd Maut frey hinab zufüern/ auch geschütz vn̄ gelt berguleühen/ vnd zuuerordnen/ vnd in dieser ferlichen not nichts zu sparen/ In hoffnung/ so ein sämliche macht zuesamen keme zuvndersteen/ die Türckhischen Nassarn bey den pruckhen abzutreiben/ denselben/ paß wid jngenemen/ Darburch den freyen zugang d' profiand/ vn̄ andere vorthailige fürschlege/ gegē des Türcker rechtem leger wo der starck zugug vn̄ hilff von den Behemē Merhern vnd andern/ wie die zum theil in Rüstung vn̄ vff den peinen gewesen beschehe best starlicher vn̄ laiblicher zuuerenden.

Den vn̄ andern trost mein genediger herr der oberst Veldhaubtman/ meinem genedigen herrn Hertzogen Philipsen/ Auch den andern der Rö. Maq̈. kriegsCommisarien haubtleüten vnnd Retten in Wien/ durch ein schrifft/ die mit grosser wagnus vnnd sorg zu inen jn dz̄ Stat geprach angezaigt/ vn̄ gepetten/ Wie Eerlich gut kriegsleüt zuhalten der Rettung/ damit sein F. G. tag vnd nacht in arbeit gestanden zuerwartten vn̄ sein F. G. anders was dazemals zuwissen dz̄ notturfft gewesen zuuerstendigen

Dazwischen aber vn̄ vor zukunfft meins F. G. vnd herrn/ des obersten Veldhaubtmans hat sich der vheinde/ durch seine Nassern und Hussern den Tullinger felds/ wie er sich dan̄ herrber des wassers/ vffs Marckfeld/ wo jme bz̄ nachbemelter maß nit vnder komen were zuthon emsigklich beflissen/ vn̄ vnderstandē hefftngklich angenomē/ dasselbig mit prennen todschlagen/ vnuerschont Menigklichs jung vnnd alts erbermlich angriffen/ die Schwangern Weißer vffgschnitten/ die kinde vß Mutter leib/ vnd den wiegen genomen/ in die lufft geworffen/ mit den Sebeln von einander gehawen/ vnd sonst mit den Weißs pilden/ In angesicht jrer Ehemenner jren fleischlichen pösen willen verpracht/ Darnach zu tode geschlagē/ Auch die jungen vnerwachsenen kindlein/ beÿ den fänen/ an die zewn gehengkt/ vn̄ daran erwürgen lassen/ Vnd mehr dan̄ zuschreyben/ oder vßzesprechen Tirranney geübt Dieweyl dann seinen fürstlichen genaden/ vnd den andern Retten vn̄ haubeleutten/ mit der noch beÿ sich gehabten ob ergelten kleinē macht/ den vheinde/ in seinem leger jn ächten zuuerhindern/ oder jme abzuprechen nit möglich gewesen/ vnd des Land volck herrssen/ nachdem es vn̄ des Tirannē vnfürsehen/ Läilendē furtzugs mit obern vnd anweÿssern nit versehen/ alles schreckens vn̄ vorcht voll/ vnnd in der flucht gewesen/ vmb trost vnnd hilff zu seinen fürstlichen genaden gerüssen/ hat sein fürstlich genad Solchs zu hertzen gefaßt/ vnnd bedacht/ Damit das vnschuldig plut nit so jemerlich vmbkomme/ biß vff den rechten starcken zugug vn̄ hilff mit dem gegen dem vheinde gehandelt herte werden sollen/ sich daneben vmb das Lande das zuerretten angenemen. Vnd von stund an sambt obbenantem Herr Andre vngnaden/ sich beÿ dem Haubtman vnd Burgermeister zu Krembs wie die Stat daselbsten/ auch der fleckh mit geschütz puluer pleÿ vnd dergleichen geraüeschafft zur wehr versehen/ erkündigt/ vn̄ was mangel gefunden/ an andere darumb gelegne ort geschriben/ vnd souil in solcher eüle möglich zur hande gepracht. Vnnd wiewol sein fürstlich gnad/ vff der von Closter Newburg embsig vn̄ hefftig anrueffen vn̄ bitten denselben fleckhen zubesetzen/ teglichs jn Arbeÿt gestanden/ So hat doch sein fürstlich genad vber vil angekerteten vleiß niemand hinein können pringen/ sonder die Bürger vnnd verwanten daselbst mit möglichen guten worten vnd vertrostungen vffgehalten.

So ist Stockeraw/ vnd die vrfer darob vnd darunter/ durch zwen Osterreichisch herren von Konring/ mit dem Lande vnd pauers volck der Türckhen vberfals halben am wasser besetzt gewesen/ Vnnd nach dem beÿ den Sechshundert knechten vom Landvolck zu Haimburg gelegen/ Daselbst on Redliche abschid weg zogen/ vnd gein Korn-Newburg komen/ sich viler murwillens beflissen/ hat sie mein genediger herr der Oberst Veldhaubt man zu seinen fürstlichen genaden gein Krembs fordern/ Vnnd ob woll sein fürstlich genad/ sie weißtere/ vnd ander ort in besetzung zuthon vorgehabt/ habē sie sich doch weißterer nit wollen prauchē/ Darumb sein fürstlich genad/ ihnen jrem pillichem verdienen nach das Fendlein vnderschlagen/ die wehr nemen vnnd uß der Stat hinweg pietten lassen.

Item vff vorgemelt meins genedigen herren schreiben vnd erfordern, Ist ein Osterreichischer herr, herr Wilhalm von Puchheim genant den vierdten Octobris beÿ seÿnen fürstlichen gnadẽ zu Krembs erschÿnnen, angeigend, das ehr sambt andern Landherrn vber Tausendt des Landtvolcks beÿsamen, vñ vngeuerlich ein Meÿl wegs vonn Krembs legen, die weren mit Haube vnnd Kriegßlewetten nit versehen, hat sein fürstlich genad ÿnen vß den Baÿrischen Fendlain Vier vom Adel sie vnder die Fendlein zu mustern verordent.

Vnd von den vnd andern die Clöster Mölckh vnd Gorweÿ Darumb vnd zu aller nechst der vheinde geprennt, Auch die Clöster berennt vff der prelaten daselbst heissig vnd embsig arüffen bitten schreiben, sie in der höchsten not nit zuuerlassen, In betrachtung, an diesen beden vesten sonderlich Mölckh, der dreÿ Meÿl ober Krembs merckhlich vnd vil gelegen besetzt, vnnd auch durch solche, von dem Obersten Veldhaubtman hinein gelegte knecht, die vheinde abertrÿben, vnd die Clöster erhalten, Vnd dem pfleger zu Spÿtz beuolhen, das Closter Arpach mit dem Lande volckh zubewaren.

Auch alle tag vff dem püsenberg beÿ Korn Newbur, Darvff man des Türckhen leger ersehen mögen, kundschafft gehabt wie ehr sich mit Schiessen, vnd ander Arbeÿt gegen der Stat halte.

Am Dritten tag Octobris zu nachts vmb aÿlff vhr, enstunde in der Stat Krembs ein Schwere, sorglich prunnst, Dar Inn Conzen Goßman, Sechs beuttgsst vñ zwen Raüsig knecht verprennen sein, Doch nach schickung des Almechtigen on andern merern schaden zergangen.

Item am vierten tag Octobris Als meinem genedigen herrn etlich Türckhen mit jrem prennen, vñ Mörden vff dem Tullinger Felde verkundschafft waren, hat sein F. G. beÿ der nacht beÿ Sechsßhundert gerüster pferde, vñ vngeuerlich Vier hundert der Baÿrischen knecht, hinvß geschickt, Aber die vheinde nit bedretten mögen, Als aber an sein F. G. gelangt, das die Türckhischen Klassern, vngeuerlich Fünff Meÿl vmb Krembs am wasser ober Stockherraw sich mit einer dapffern anzal Schüff sehen lassen, vñ vnderstanden vberzuschüffen, das March Feld auch zuuerderben, wie sie dann nit weÿt vom wasser, Graff Juliussen von Hardeckh ein Schloß vnd dorff Schmida genant angewendt vnd verprendt hat sein F. G. den Fünfften Octobris bemeltem Graffen biß in die Zweÿhundert pferde zugegeben, die sein hinvß geruckt, vnd biß in Dreÿßig Schüff vff Tausend personen angeschlagen, die zum theÿl an Lande gebracht bedretten vnd gefunden, vnd als sie die vheinde vnwissend der hinderhuette, an die vortreber gesetzt, der hauff eÿlends darvff gehawen, vnd derselben biß in Vierhundert erstochen erschossen vñ ertrenckt, vñ einen darvß meinem genedigen herrn dem Obersten Veldhaubtman Fencklich zugefüert, Sonderlich ein knecht der Köberl genant, Wolffen Lüngkhen Amberman zu Deggesfelden zugehörig, mit seÿnem pferde in ein Schüff gesprenget, vnnd beÿ den Fünffzig der Türckhen, mit ÿme vnnd dem pferde ertrennget, desselben tags haben der Ro. Maÿ. Zussern der mein genediger herr der Oberst Veldhaubtman biß in funffzig, vffs Tullinger Feld vber die vheinde zustraÿffen verordent, beÿ Zweinzigt Türckhen, die vff zwo Meÿl vmb Krembs geprennet, vnd grossen schaden gethan erlegt, vier darvß gefangen, einem den kopff abgeschlagen, vñ die gefangen meinem genedigen herrn, Den Obersten Veldhaubtman vberantwortt, die sein F. G. durch verdullmetschung, mit güetlicher vnd peinliger frag, besprachen, vnd anÿnen erfaren lassen, das der Türckhisch Kaÿser, in eigner person, vor Wien lege, vnd vnderstee die Statmaur an Funffzigehen ortten zu vndergraben, Fürter mit puluer, vnd kugeln zurnderlegen, vñ anzustiossen, seins vermutens die Stat damit zuerobern, Welchs des vheindts fürnemen, sein F. G. meinem genedigen herrn Hergogen Philipsen, vnnd den andern kriegs Commissarien Haubtleuttern, vnnd Retten in Wienn, wiewol sie das vorhin auch vermerckt vnnd hernachmaln im werck befunden schrifflich zuerkennen gegeben vnnd geretten, Ritterlich vnnd Berlich zuhalten, der hilff vnnd Rettung zuerwarten.

Item Mittwochs den sechsten Octobris sein Casper Irlbeckhens knecht Zehen gerüst hinvß geritten, Sechs Drabanten beÿ ÿnen gehabt etlichen habern vnd Fütterung die sie gekaufft zuholen, vnd beÿ den Fünffzig Türckhen zu nechst beÿ Dresenmauer, welche ein Mül daselbst plündern angünden vnnd verprennen wöllen, gewar worden, on sie gesezt, vnnd mit zufallender hilff, der von Dresmauer, dieselben biß an dreü die flüchtig dauon enrenten erstochen Viergehen pferd genomen/ Vnnd wiewol noch jendert beü den Dreühundert Türcken Ihenfit eins pachs gehalten/ vnd mit jren gesellen sehen vmbgeen/ So haben sie doch nit herober gewölt. Sonder auch also dauon geritten.

Item am Dornstag den Siebenden Octobris/ hat mein genediger herr der oberst Veldhaubtman vff die vn andere Türcken beü nacht abermals beü Drütthalb hundert pferden vn etlich Fußknecht hinvß geschickt. Aber dieselbe auch nit bedretten worden.

Item vff des vheinds so vilfeltig bedrauetten/ hat mein genediger herr der Oberst Veldhaubtman die Stat Korn Newburg vngeuerlich mit hundert knechten. So vnder des Reichs Fenlein die zu Wien gelegen/ vn vnder Jacoben von Wernawe/ vn Congen Gogmans Regiment gehört/ vn des vheinds halben nit in die Stat köne/ sambt obbenantem herr Sigmunden von Weüch selberg Ritter/ vnd herr Wagthü Paulsen mit jren geringen pferden/ biß in Vierdhalb hundert: Darzu seiner F. G. gerüsten pherden/ biß in Dreühundert starck beseut/ auch was man in üle bekomen können/ mit puluer vnd pleü versehen.

Vnd vff meins genedige herrn des obersten Veldhaubtmans schreiben vn begern/ haben merbemelte/ herr Sigmund vnd herr wagthü pauls seinen F. G. beü fünffzig ü geringe pferd zu Brembs gelassen/ die hat sein fürstlich genad/ Nemblich am Freütag den Achten Octobris/ vber die vheinde zustrauffen vßgeschickt/ Die sein den Neünden tag Früe zu acht vhren gein Brembs komen. Sechs gefangen Türckhen Vnd Neün abgeschlagen köpff/ jn seiner fürstlichen gnaden Zümmer mit ünen in die Stat vff zawnstechen gepracht/ Anzeügendr/ das sie beü Viertzigk desselben hauffens/ eine gutte Meül vnderhalb Hertzogpurg/ in einem dorff gewar worde/ die Dar Jn bedretten/ den metertheül darvff erschlagen/ auch etlich/ die inn vnnd vff ein hawß entrunnen/ mit dem hawß verprennt.

Diese tag haben sich die Reüßigen/ so mein genediger herr der Oberst Veldhaubtman wie vorgemelt/ gein Korn Newburg/ jn die besaung gelegt/ Nemblich mein genediger herr Landgraff Georg zum Leüchenberg/ der vonn Gerolzeckh/ Wolff vonn Weüchs Baürischer Haubtman/ sambt herr Sigmunden vonn Weüchselberg/ vnd herr Wegthü Paulsen hinvß vngeuerlich ein Meül wegs vnder Wienn gethan/ an ein Strauffende Rott der Türckhen/ die sich daselbst an das wasser gefüegt: zubesehen/ wie sie daselbst vff das ander vnuerderbt Lande pruckhen Schlage/ vnd komen möchten gewachssen/ an sie gesetzt beü den Funfftzig erstochen/ die andern Nemblich beü den Funfftzig nahent in ein dorff in ein Zurchen thurn geflohen/ denselben Ingenomen/ die vnsern hinnach geruckht zu Roß abgefallen den Thurn darjn sie sich mit todten Cörpern vnnd anderm verbarrast vnd vffs heffntzist vmb die haut gewehret/ gesturmbt vnnd erobert/ beü denn Viertzig darvß gefangen/ gein Korn Newburg gefuert/ vnd die andern erschlagen.

Item ein weber von Otting/ vß dem Baüerland mit Namen Henßel Rauscher/ hat sich in Hungern zu Preßpurgt zü Türckhe geschlagen/ üme vff/ vnd vff verratten vn kundschafft gemacht/ mit üme jm leger zogen/ vnd wie ehr sich vor Wienn gelegert/ die Türckhisch Strauffend Rott an sich gehennckht. vil dörffer vn Menschen/ herrvß vff dem Lande verratten/ auch seiner gethane vrgicht nach/ selbst mit der hande gemört vnd geprennbt/ der ist meinem gnedigen herrn dem Obersten Veldhaubtman verkundschafft worden/ hat sein fürstlich genad nach üme greüffen/ vnnd zu Brembs Vierthaülen lassen.

Dergleüchen einen Burger vnd Metzker zu Tull Henßel fuchs genant/ vff beschehen anzaig· zu fenchlichem hafft nemen/ vnd beü üme erfaren das ehr gleucher gestalt den Türckhen verratten/ vnnd in sonderheüt mit den Türckhischen Strauffzüegen sein kundschafft gemacht/ Das ehr die Stat Tull beü nachts wöllen angüuben/ sie jmselben den Fleckhen vberfallen/ vnnd Innemen solten/ Den sein F. G. seinem pillichen verdünen nach Spießen lassen.

Vnnd in solchem thon/ hat mein genediger herr der Oberst Veldhaubtman/ alles gesünde vff den platz beüm prediger Closter zu Brembs erfodern vnnd durch seiner F. G. Secretarien Erasm Nadler

25

schrifftlich verlesen fürhalten vnnd das Gotslestern zubrincken vnnd andere Leichtfertigkeit mit erinnerung zu was nachtheäl vnns diese Laster wider den vheinde dienten ernstlich vnd zum höchsten beÿ schwerer Straff vnd vngnad vnnd den pflichten damit sie seinen F. G. Als Obersten Veldhaubtman von des heüligen Reichs wegen verwant verbietten lassen insonderheit wo einem zureiten angesagt würde das der mit aller geraütschafft fertig vnd vngesaumbt were.

Vnnd diese tag bervmb also sein F. G. mit den andern kriegsretten vnd haubtleütten teglich vnd so zuerchnen stündlich was zu Rettung der Erlichen Thewern kriegsvolcks hat dienen sollen hin vnd wider vmb hilff vnd zuzug geschickt vnd geschrÿben rffs höchst ermant angesuecht vñ gepetten in stetter hoffnung vnnd zuuersicht gewesen die solten den beschehen vertröstungen vnd verwenungen nach ankomen sein Dardurch sein F. G. jtem vnd der jren hertzlichem verlangen nach jre für vñ anschleg die sie zu widerstand des vheinds zum thaäl nachbemelter mass vor sich gehabt hetten mögen verrichte vnd die zeÿther in grosser fare sorg vnd wagnus teglich vberfals vnnd belegerung von dem rheinde wo der dieser geringen macht gewar were worden zugewarten zu Brembs gelegen.

Mein genediger herr der Oberst Veldhaubtman hat mitler weÿl Steerings für vnd für acht Artealrschüff vñ dieselben etlicher mass mit geschüh was sein F. G. zuer hande konnen pringen vnd von meinem genedigen herrn von Passaw der Stat daselbsten beÿ vier Stücken zugesand versehen vnd aldshweäl mit diesem hawffen vonn der Stat Brembs füeglich nit dörffen oder können verrucken.

Vnnd sag warlich das seinen fürstlichen genaden diesz Eerlich kriegsvolck in der dazemals vor augen geschwebten serlichen not vngeret ligen zulassen angesehen sein F. G. mit dieser kleinen anzal gegen einer so grossen macht nichts schaffen hat können oder mögen am höchsten beschwerlich vnd mitleidenlich gewesen. Aber nichts weniger als ich hernach vonn einer glaubwürdigen personen verstanden vnnd mir gesagt ist ein anschlag gehabt vnnd denselben meinem genedigen herrn Hertzogen Philipsen vnnd der Ro. Maÿ. kriegs Commissarien vnnd Retten eröffent. Nemblich damit sie nit gar trostloss gelassen So wolt sein F. G. jnen beÿ Dreÿ Tausent fusstknechten dero sein F. G. dazemals alle Stund vsz der Graffschafft Tirol vñ ander orten gewartend gewesen, Auch herr Niclas Rawber sambt seinen Galleotten vnd den Baÿrischen knechten vff einer zämlichen starcken Armata vnd zugerichten Schüffen zur wehr vff dem wasser mit profiand zu hilff in die Stat zuschicken dieselben als die gerueté zugepraucken, Doch daneben disz bedenncken gewesen das sein F. G. so sie mit der grossen hilff gefasst gemacht were worden sich vnderstanden haben wole den pass der abgeproneen prucken durch den wolff hinein mit gewalt jngenemen den jngang des zugugs vnd Rettung auch profiand vnd ant notturffe freÿ offen zumachen dem rheinde an die Seüten zulegen vnnd áne wie man des fürter bereetig vnd mit Breüden Seÿer vnd derglech losen gegeneinander gewar würde mit glück vnd vorthaäl manlich vnd Rutterlich anzugtreiffen vñ ein Schlacht zulässern, Doch wie dem allem des fürgefassten entschlossen willens vnd gemüts gewesen Es kome der zugug der grossen hilff oder nit nichtsweniger jm namen Gots mit dem vorgemelten seiner F. G. in geringer anzal beÿ sich gehabtem kriegsvolck beÿl zuersuechen zu wasser fürtzudrucken vnd gewaltigtlich durch den pass der abgeproneen prucken hinein mit profiand vnd ander notturff in die Stat zukommen, Auch mit den Raissigten zeug vff dem Lande neben den zugerichten kriegs Schüffen hinab zuruckten vnd damit solchst dest starcher vnnd gewaltiger beschehe hat sein fürstlich genad herr Hannsen von Neÿdeckh vnd obbenanten seiner genaden Ratte vnd diener Melchorn von Harstall zu herr Jhan vom Bernstein der dazemals beÿ den Vierundzweintzig Tausend Merder zu Jnaÿm beÿ sich gehabt geschickt vnnd von einer Malstat des zusamenkommens gein Egenburg lassen ansuechen sich des anzugs vnnd fürdruckhens zuvnderreden vnd zuvergleichen.

Vnnd solchen anschlag wie obstet beÿ einem der mit wagnus seins lebens vnd ander darvff steender fertigkeit in die Stat hinein komen Hertzog Philipsen vnd den Ro. Retten zuwissen gemacht

Auch in mitler weyl das der Rö. Maÿ. vnnd andern vmbgesessnen fürsten vnd potentaten, sonderlich meinen genedigen herrn von Baÿern, Passaw, Auch Bebeümen vnd andern, sich mit dem zuzug vnd Rettung Eÿlends vnd Eÿlends zufürdern, geschickt vnnd geschriben, Darvber das derselb allenthalb in Rüstung vnd anzug seÿ zuschreiben empfangen vnd mir allen dingen darnach gericht.

Aber gleich in diesem Nemblich den Sechzehenden tag Octobris, meinem genedigen herrn dem Obersten Veldhaubtman, von den kriegsretten in Wien geschriben vnd anzaig beschehen, das der Türckhisch Kaÿser den Vierzehenden Octobris in der nacht zwischen Neün vnd Zehen vhren, seine leger vnd das gemewr der vorstat Darjnn er gelegen angefewert verprennt, vnnd seinen abzug genomen. Aber wie ich vermerckt, hat sein fürstlich genad nichts weniger an die vorbestimpten ort, mit der hilff füre zurucken geschriben vnd angesucht, ob dém Thÿrannen in seinem abzug abgeprochen werden möcht.

Demnach hat sich mein G. H. vñ herr 8 öberst Veldhaubtmã (des S. G. wie genugsam obangezaigt ist die zeit her zu Arembs des grossen zuzugs gewart, vnd doch dz gehandelt vnd verhüet das der vheinde seinem willen vnd verlangen nach das Marckfeld, vnangegriffen vnbeschedigt vnd vnuerderbt müssen lassen (Dardurch vil Christlichs plut, vnd vnwiderpringlichen schade errett gelegen) mit all beÿ sich gehabtem kriegsvolck, dergleÿchen beÿ den Fünffhundert Galleoten, die darvor zu Arembs ankommen, vnd den zugerichten Streÿz Schüffen vff den Neünzehenden Octobris erhebt, vffs wasser gemacht, vnnd denselben tag biß gein Korn Newburg daselbst sein S. G. gantz in der nacht ankomen gefaren, vber nacht da blüben, Am morgen, herr Lienhard von Selß, herr Wilhalm von Puchheÿm, vnd dann meins genedigen herrn des öbersten Veldhaubtmans Hoffmeister, vnd Oberster Veldtmarschalck herr Jörg von Heÿdeck, der gleichen die Zwen der Fußknecht Oberste Conÿ Gogman Jacob vonn Werdenaw vnd Jörg von Adelzhawsen, die sein S. G. darvor von seinen genaden gein Wien seiner S. G. ankunfft, vnd anders mit verporgen anzuzeigen, geschickt, zu seinen S. G. komen vñ mit seinen S. G. am zweinzigisten Octobris, vff dem wasser gein Wienn gefaren, vnnd in die Stat zu herberg zogen, vnnd den Raÿsigen zeüg, vff der kriegsrette in Wienn ansuechen zu Korn Newburg gelassen.

Den andern tag Nemblich Donerstags den ainvndzweinzigisten Octobris morgens Früe, ist sein S. G. mit der Königklichen Maÿestat kriegs Commissarien haubtleütten Retten, zu Wienn in Ratte gesessen, vnnd biß zum Morgenmal darjn plieben, was daselbst gehandelt vnnd beratschlagt, ist mir zuwissen on not.

Dann das gleich denselben tag, mein genediger fürst vnd herr als Oberster Veldhaubtman, in der Stat lies vmbschlagen, des Reichs kriegsvolck zumustern vnd zubezalen.

Als nun ein Fendlein nach dem andern zu mustern für gut angesehen worden, Ist des zwenvndzweinzigisten tag Octobris dem gefallen Loß nach Ludwig von Grafeneckh zum ersten mit seinem Fendlein zu mustern fürgenomen, Welchs Grafeneckers Fendlein zu mustern lassen, sonder mit dem gantzen hauffen gemeÿn wöllen halten, vnd darvff verharrt.

Darnach am dreÿvndzweintzigisten tag Octobris Früe der hauff, vff einen plaz beÿ Sant Clara kirchen in der Stat Wien zusam geloffen, vnd ein gemeÿn versammelt, jhre zwen öbersten Jacoben von Werdnaw vnd Conÿen Gogman, sambt den vnderhaubtleüten, zu jnen in den Ringe komen, mit jnen den knechten jrer Musterung vnd bezallung halben zuhandeln, haben sie von keiner handlung wöllen hören, Sonder gemeÿnlich geschrÿen, Fünff Stürm Söldt, Wiewol jnen nun auch die Obersten, den Artickhelbrieff, den sie zu Gott vnd den Heÿligen gelobt vnd geschworen, ob man jnen diese Sturmsöldt schuldig oder nit zuhören vßgeruffen vnnd gepetten, So hat es doch beÿ jnen keinswegs wöllen angesehen sein, Sonder gemeÿnglich geschrÿen gelt oder plut fünff Sturmsöldt, das vnd kein anders, vnd damit vßgedient, Volgend sie dannoch ein vßschuß biß in dreÿssig personé gemacht, denselben zu meinem genedigen herrn Als öbstem Veldhaubtman, jn seine S. G. herberg geschickt, Mitler weÿl die zwen öbersten für vnd für jm ring beÿ jnen behalten vnd nit herv̈ß lassen wöllen, in meins genedigen herrn

Hertzogē Philipsen ꝛc. gegenwardt anzeigend/ das sie vonn dem gantzen hauffen zu seinen F. G. geferttigt zuentdecken/ Nachdem sů dß Stat vor dem Tyrannischen vheinde erret sich als Eerlich From Landsknecht gehalten/ vnd funff Sturm erlitten/ das man jnen dieselben fünff Stürmsölde wie ŭnen hochgemelter mein genediger herr Hertzog Philips/ als in meins genedigen herrn des öbersten Veldhaubtmans ꝛc. abwesen/ vber des Reichskriegs volck Obersier in der belegerung obersier zugesagt hette/ neben andern jren verfallen Sölden Schuldig/ der hetten sie begallung/ auch jnen die profiand/ was sie der in der belegerung genossen noch vnd Damit abziehen zulassen.

Als mein genediger herr Hertzog Philips (der S. G. wie niemand mit grunde widersprechen mag sich in dieser belegerung gantz fürstlich Eerlich vnd Rvmlich ergaige vnd bewiesen/ Darumb auch pillich lob vnnd preyß in Ewig dauon tragen vnnd haben soll) den anzug des zusagens von jnen gehört/ hat sein S. G. dabeŷ ich gewesen ŭnen alspald darvff geantwort/ das sie seine S. G. solchs mit keiner warheit zumessen. Darumb sein S. G. des von jnen pillich vertragen/ Dann was sein S. G. zusagte/ das gedechte sie ob Gott will bisher als ein Eerlicher fürst zuhalten/ Dasselbig mit in sein grueben zupringen/ oder dervber zu poben zugeen.

Zugleich auch hat mein genediger herr der Oberst Veldhaubtman/ jnen persönlich antwort geben/ das sein S. G. jr begern hoch beschwerdte/ Fürnemblich darumb/ das sie mit diesem jrem vnpillichen vorhaben/ alle jr vorig erlanngt Ere lob vnd preyß/ Damit wolten vsileschen/ mit meter vnd langer erjnderung/ warumb má jnen jres begerns volg zuthon nit schuldig were/ zu dem wo es jnen gleich zugesagt- dj es jnen nit gehalte werdē konte/ Bittende gütlich dauon zustenn/ Sein S. G. hat auch den Haubtleüetten/ Fendenichen/ Doppelsöldnern/ vnd dergleichen deß den pflichten/ Damit sie seinen fürstlichen genaden/ von des Reichs wegen verwant gewesen zugesprochen/ ob sie dafür achten/ Das man den knechten jres begerns volziehung zuthun Schuldig/ oder das es jnen vonn Hertzog Philipsen zugesagt seŷ/ die einhelligklich antwort geben/ das sie it der gestalt/ Oder das es zugesagt worden/ nit finden konten noch gehört oder wissens hetten/ Wölten auch gern iren pesten vleis antern sie die knecht dauon zuwenden.

Aber der vschuß mit dieser antwort/ nit zum hauffen gewölt/ anzaigend sie würden damit all erstochen/ hat mein genediger fürst vñ herr der Oberst Veldhaubtman/ vff vorgeende verglejtung/ zwen seiner S. G. Rette/ Jörgen von Adelghausen vnnd Caspar Irlbeckhen/ zu jnen in Ring geschickt/ vnnd seiner S. G. obergelte antwort/ mit erjnderung des Artickhelbriefs/ vnd allen notrürfftigen Stückhen sonderlich ob sie gleich die Obern erstechen/ dj sie Darumb mit begalt/ oder jren willen erlangt würde haben/ nach lengs lassen fürhalten/ Begerende abgedrettes/ sich musiern vnd begalen zulassen/ Aber sie sein vff ir meinung beruet/ vnnd geschryren/ nit ein Meße gelt oder plut/ Also das sich der handel gar vff den Abent/ vnd je lenger vnd mehr beschwerlich vertzogē/ vnd die knecht von Morgens an zu Siben biß Abends vmb Fünff vhr beysam gewesen für vnnd für gemeyn gehalten/ die Haubleüte vß dem Ring nit lassen wöllen/ sonder vnd Sechs oder Acht malen mit die Spiß gegen jnen gesenngkht/ Vnnd die Obersten vff ir begern vnnd erbietten sie so lang vnnd vil sie begalt vnd vergnüge würden/ Eendlich nit wöllen annemen/ Sonder zuerstechen vermaynt/ Doch leglich on ends/ sich selbst voneinander gertrennt/ vnnd die Obersten zuerselben zeÿt/ von jnen gelassen/ Also das sein fürstlich genad/ sambt allen andern Obern in der Stat diese nacht/ etwas in vill höher vnd mer/ Dann ob der vheinde mit aller macht noch alda gelegen/ wagnus fare vnnd sorg gesessen.

Aber wie dem allem hat sich mein genediger herr/ mit herr Wilhalmen von Rogendorff/ vnd andern herrn von der Regirung/ nach Statlicher vnnd vleissiger bewegung/ der vmbstende/ dieses heissrigen vnnd beschwerdlichen handels/ nemblich souerr vnnd wo sein fürstliche genad vnnd alle Obern wie die Meütterey vnnd practio gestanden entlich verderben auch plünderung der Stat/ dargu ihr meist Darum gewesen nit gewarten wöllen endschlossen/ vnd des andern tags den knechten Frůe/ wie sie aber ob eim hauffen beysam gestanden/ Durch bedachte Adelghawser vñ Irlbeckhe offenlich bewilligē mussen/ Inen vber den erst empfangen Solde noch Dreÿ Monads besoldung zugeben/ vnd alle profiand/ was sie der in der belegerung genoſſen nachgulaſſen/ vnangeſehen/ das ſie alles ires dienſts vom Sechſten tag Septembris den anfang ires erſten Monats biß vff den Dreünbdweinzigiſten tag Octobris/ als die gemeyn gehalten worden/ nit mer/ dann Anderthalben Monat/ vnd zwen tag gedient.

Das haben die knecht angenomen/ ſie alſo darvff begaln vnnd wegkh ziehen laſſen/ vnnd Meüterereÿ vnder des Reichs kriegsvolck/ mit ergelter beſchwer abgeſtelt werden.

Gleich in dieſem beſchwerlichem/ vnd Sörglichen/ handel iſt mein genediger fürſt vnd herr/ der Adminiſtrator zu Regenſpurg Pfalzgraff beÿ Rein vnd Hertzog in Baÿern/ des fürſtliche genad ſich nachdem ſie vß den dazemals hin vnd wider verloffen kundſchafften/ des Tÿrannen vnd wüterichs ſo ernſtliche vnd hefftige Jndrang vernomen/ vnnd das pillich/ wes Stab vnd Stangen ertragen mögen vffgeweſt ſein ſolt/ als ein Chriſtlicher Löblicher fürſt/ mit etlichen Redlichen Dapffern geſellen vom Abel erhebt zu Wienn/ vnd alſo nach des vheinds Eÿllenden vnfürſehen abzugs ankomen/ vnnd Dieweÿl die kriegs vbung ſelbenmals ir endſchafft erreicht gehabt/ ſein F. G. mit den iren wider ab/ vnnd vff ir Herſchafft in Oſterreich Pechlarn genant zu waſſer gezogen/ erblich tag Schwachheit halben da belieben/ vnd volgend gar wider gein Regenſpurg verruckht.

Vnnd wiewol die zeyt vnd hohe notturfft erfordert hette/ dem Türcken in ſeinem abzug nachzuhengen vnnd abzuprechen/ So hat doch dieſe der knecht vor vnerhörte vnſchickliche handlung/ wie ein ieder beÿ ſich ſelbſt verſtendlich zubedencken ein groſſe vnd die mäiſt verhinderung gepracht.

Sonder wie ich damals verſtanden/ So haben die herrn vß der Regirung/ den Merheriſchen haubtman herr Jhan vom Bernſtein biß in Zwainzigt Tauſſend ſtarck darvnter beÿ Ächgeben hundert pferden/ dergleichẽ die Drithalb Tauſſend knecht ſo zu Preßpurgk gelegen/ vff den Turner Verordnet gehabt.

Vnnd dann den Brandiſſer/ mit ſeinen Neün Fendlein/ vß der Graffſchafft Tirol gein Preßpurgk.

Item die vß der Steÿrmarckh/ vnnd den Cagianer mit den geringen pferden/ vff Odenburg zugefertigt.

Item ſo hat man hernach etliche knecht/ vnnd Meütmacher gefangen/ gericht/ vnd beÿ denſelben zum thaÿl die vrſachen dieſer pöſen Practic gefunden.

Item Mitwochs den dritten Nouembris/ hat ſich mein genediger Fürſt vnd herr der Oberſt Veldhaubtman/ mit ſeiner F. G. Reüttern vnd geſünde vmb Mittemtag zu Wienn erhebt/ vnnd denſelben abent/ gein NornNewburg gertten/ die Raÿßigen abgefertigen/ Fütter in anſehen/ Das mit den Raÿßigen/ nachdem ſich der vfgang der beſtallung genebet zuerſparung weÿtters vncoſtens lenger damelagen mit not anbeÿmbs zuuerrucken/ iſt ſein F. G. ſambt Hertzog Philipſen am Samſtag den ſechſten Nouembris denſelben Abent mit einer geringen anzal pferde gein Stockheraw geruckht vber nacht dabelÿben/ Den Sontag darnach gein Brembs komen mit der Rö. Maÿ. allerleÿ vnderredt vnnd beſpracht/ vnnd biß vff den Mitwoch nach dem Morgen Mal daſelbſt gelegen/ volgends mit Rö. Maÿ. vff derſelben anſuchen den weg auff Ling genomen/ vnnd anbeÿmbs verritten.

Vfs aller vom Anfang biß zum Ende abgeſchribner ergelter vnd herrſſer der Stat/ vnnd des Darinn Ritterlichen Eerlichen kriegsvolckh/ manlichen thaten/ vnnd des vheinds hefftigem Drangſal/ vnd bearbaÿtens/ Dauon im andern tractetlein die notturfft gemeldet iſt/ Ich mich auch nachdem ich perſonlich darin nit geweſen/ einich ſonder anzaigen nit zuthon hieuor bedinge/ begegenter handlung/ Welche ich zum kürzten on ſonder weÿtſchwaÿſſend vmbſtende/ die mer zuuerdrieſſ/ Dann lieblichen anhören raichen/ anzuzaigen gedacht/ Wirdet befunden mit was geſtalt ſich der Tÿrann vnd wüterich neben ſeiner belegerung/ Des Landes vnnd Chriſtlichen pluts angenomen/ Durch was möglich weg/ auch ime daſſelbig/ durch hochgedachten Fürſten meinen genedigen herrn/ Hertzogen Friderichen ꝛc. Oberſten Veldhaubtman/ ſambt ſeiner F. G. beÿ ſich gehabten Fürſten/ Graffen/ Herrn/ Edeln/ vnnd ander Redlichen geſellen/ Das ſonſt vermuetlich noch zu weÿtter vnnd mer groſſer verderblichem nachtaÿl gevolge were. Vnderſtanden/ Wie treülich vnd vleiſſig ſich ſein F. G. alles was zuerledigung des belegerte

kriegsvolcks gedient Steettgs bemühet vnd das jhenig so seinen K. G. Nach dem jr sie vorerlawter masnit mit kleiner seiner K. G. vnnd der andern haubtleüt vnd Rette bekömernus, der weg vnnd zugang in
die Stat Wien, durch den vheinde, vnfersebenlich verlegt worden gesuecht hat, vnd souil vermerckht.
Das sein K. G. mit jrem hervsblübnem, vnd beÿ sich gehabtem kriegsvolckh, Zehen mal mer, dann ob
sein K. G. in der belegerung, barin sein K. G. nit woll merers schaffen hette könden begriffen gewesen
erhalten. Wie dz ein jeder erbers verstands (mit bewegung sonst merer darvsf gevolgten beschwerlichkeit,
wiewol das vergangen pillich jubawern, vnnd allen Christlichen Käüsern, Bönigen, Fürsten vnnd potentaten, nit ein klein entsetzen. Exempel vnnd warnung, sich hinfüro mit anderm ernst vnd sorg, dann
Laÿder bisher villeicht vß Göttlicher verhengnus begegnet, darein vn dagegen zuschickhen sein solt, selbst
Leichtlich vn vernünfftigklich zuermessen hat.

Hernach volgen die von Fursten, Graffen, Herrn, Edeln, vnnd Redlichen gesellen, des kriegsvolckhs, so herrisser der Stat Wien belieben, vnd des vheinds halben nit hinein könt.

Erstlich vorgemelter der Durchleuchtig Hochgeborn Fürst vnd herr Herr Friderich Pfalzgraff beÿ
Rein Herzog in Baÿern Rö. Kaÿ. Maÿ. Stathalter vnd des heÿligen Reichs Oberster Veldhaubtman.

Vnd vnder seinen K. G. vnd in derselben jrem geschwader.

Nemblich, der Edel Wolgeborn herr Georg herr zu
Heÿdeckh seiner K. G. Hoffmeister, vnd des heÿligen Reichs öberster Veldmarschalckh, Küriffer.

Der Wolgeborn herr herr Cristoff Graff zu Salm,
Küriffer.

Der Wolgeborn herr herr Hanns Graff zu Schawnberg Kür.

Der Edel Wolgeborn herr Schenckh Jörgherr zu
Erpach Kü.

Jörg von Abelghawsen zugeordenter kriegs Ratte
Küriffer.

Herr Cristoff Plarrer Rö. Kaÿ. Maÿ. Regiments
Ratte vnnd des heÿligen Reichs öberster pfennigmeister Küriffer.

Hanns von Schlamersdorff hochgemeltes meins genedige herrn Herzogen Friderichs Marschalckh,
vnnd dieses geschwaders haubtman, Küriffer.

Caspar Irlbeckh zu Traufnitz verordenter muster
herr Küriffer.

Cristoff Pessinger pfleger zu Brawnaw verordenter
profand vnd wachmaister Küriffer.

Melchior von Harstall Küriffer.

Cristoff vom Lichtenstein.

Cristoff von Knöring.

Wolff Goldackher.

Cristoff Irlbeckh.

Friderich von der Planig.

Jobst vom Prand zum Neüstein der jünger, Kü.

Melchior von Hohenberckh.

Achaz Notthaffte der jünger.

Thomas von Warnstat.

Wolff von Planckhenfels.

Hiltpolde von Kúngsfelde.

Vß Cleissentaler.

Wolff Reichharter.

Cunz Kragan.

Gothart zu Franckhenstein.

Jörg von Ebleben.

Hanns Pockh.

N. Grunpeckh.

Joachim Krebs Küriffer.

N. von Churn Küriffer.

Johann von Rubica Küriffer.

Conrad zu Franckhenstein Küriffer.

Eberhart von Stockham Küriffer.

Peter von Menzingen Küriffer.

Sambson vonn Lamerszheim Küriffer.

Engelbart von Gudenstain.

Hanns Reinhart von Maspach Küriffer.

Veÿt von Hassenweÿler.

Albrecht Linckh Küriffer.

Wolff Linckh Ambtman zu Deÿbesheim, Kü.

Walthafer Hauer verordenter musterschreiber.

Jörg Thiemer.

Appel Arnolt.

Das ander geschwader

Der Durchleuchtig Hochgeborn Fürst vñ herr herr Wolffgang Pfalzgraff beÿ Rein Hertzog in Bayern.

vnder seinen F. G.

Caspar von Wechmaÿr seiner F. G. Hoffmaister Küriffer.	Wilhalm von Schwalbach.
Ludwig von Lüchaw Küriffer.	Burckhart von Dannenberg.
Eckhart von Salch	Simon
Caspar von der Gan	Oßwald } von Stetten.
Jörg Sturmb Feder	Hanns
Endres vom Stain	Asimus von Schlÿben.
Hanns Wilhalm Fuchs	Peter von Awheÿm.
Contz von WalnRot Küriffer.	Jörg von Ebersperg
Jacob Steinhewser	Christoff von Stockhaussen
Bastian vom Fleckhenstein	Adam von Streÿtberg.
Wolff Greckh	Oßwald von Weßler.
N. von Wülsperckh	Philips Neÿdeckher.
N. Zeßßkhamer.	N. von Morßhaim.
N. Frÿeß.	N. Horneckh.
Hanns Lemblein.	N. Walzhöffer
Burckhart vonn Helmstat.	Cristoff Jörg von Freÿberg.
Caspar Knöbel.	Jörg Abelman.
Fabian Püttler.	Caspar Finckh von Scheckhÿngen.
	Martein Gall.

Das dritt geschwader.

Der Hochgeborn Fürst vnd herr herr Georg Landgraff zum Leüchtenberg.

vnder seinen F. G. sind gewesen

Herr Frantz herr vom Thurn	Philips Druchseß
Hawbolds von Tawbenhaÿm	Wolff von Rosenburg
Herr Hanns Ruprecht von Stawff Freÿherr	Cristoff von Vestenberg Küriffer.
Herr Jörg Fri. von Schwartzenberg freÿherr Küriffer.	Lug vom Rottenhan
Peter von Stain	Philips von Rosenberg.
Cristoff Fuchs	Cristoff von Mengersdorff.
Götz Schenckh	Sewfridt Druchseß.
Jörg Rosenbur	Hanns Balbsperger.
Veltein von Münster	Hanns von Gogaw.
	Cristoff Loneÿssen.

Das vierd geſchwader.

Herr Gangolff herr zu Hohengerolgeckh vnd Sulz.
vnder ṅme

Der Wolgeborn herr herr Joachim/ ⎫
  Graff zu Hohenzöllern.   ⎪
Der Wolgeborn herr herr Ruprecht ⎬ Küriſſer.
  Graff zu Manderſchüt.   ⎪
Herr Selleryn herr von Lüſſenburg. ⎪
Herr Jörg von Heüwen. ⎪
Ruff von Reiſchach. ⎭

Siman Wecker von Mülhawſen. ⎫
Endres von Hoheneckh. ⎬ Küriſſer.
Hanns Virich Sürgck. ⎭
Michel von Rinderpach.
Michel Sütter.
Linhart von Ploefelden.
Marein Walgheümer.

    Item in hochgedachts meins Genedigen Fürſten vñ Herrn des Oberſten Veldhaubtmans obberürt geſchwader iſt gezogen/ Der Durchleüchtig Hochgeborn Fürſt vnd herr herr Philips Pfalzgraff beÿ Rein Herzog in Mydern vnnd Obern Bayern/ mit hundert gerüſten pferden/ vnd vonn dem vheinde wie obſtet in der Stat Wien belegert geweſen/ vnd ſein F. G. beÿ im gehabt/ Nemblich.

Syluester von Schawnberg. ⎫
Hawg von Parſperg. ⎪
Jörg von Thaŭm. ⎬ Küriſſer.
Jörg Hundt. ⎪
Jörg von Rechperg. ⎭
Thoman Marſchalck von Pappenhaim.
Florenz von Veningen.
Hanns Seger.

N. von Seckhendorff.
N. Newheŭmer.
N. von Anöring.
N. Sigersdorffer.
Ludwig von Graffeneckh.
Hanns Rott.
Sigmund Eyſen ſeiner F. G. Cemerling.

Gedruckt in der Kayſerlichen Stat Regenſpurg durch Paulum Khol im 1530.